패션 폴리틱스

패션 폴리틱스

2025년 6월 10일 초판 1쇄 발행

글	정제윤
책임편집	김세라
디자인	김다솜
마케팅	김선민
관리	장수댁
인쇄	정우피앤피
제책	바다제책
펴낸이	김완중
펴낸곳	내일을여는책
출판등록	1993년 01월 06일(등록번호 제475-9301)
주소	전라북도 장수군 장수읍 송학로 93-9
전화	(063) 353-2289
팩스	(0303) 3440-2289
전자우편	wan-doll@hanmail.net
블로그	blog.naver.com/dddoll
ISBN	978-89-7746-861-0 03340

ⓒ 정제윤, 2025

김 여사는 '디올'을 입는다

패션 폴리틱스

글 정제윤

내일을여는책

목차

머리말

옷을 때와 장소에 맞게 잘 입는 것은 국가가 부여한 임무 중 하나.

'철의 여인'으로 알려진 마거릿 대처 전 영국 총리가 재임 당시
〈BBC〉 방송과 인터뷰에서 한 말이다. 지도자의 패션은 단순한 옷이
나 액세서리가 아니다. '메시지'다. 정치인을 많이 만나는 기자로서
이 책을 쓰게 된 것도 대중의 이목을 받는 정치인이나 지도자들이
보여주는 패션에서 '숨은 메시지'를 찾는 게 흥미로웠기 때문이다.

개인적으로도 패션에 관심이 있어 정치인들이나 외교관들의 옷을
유심히 보는 편이다. 무슨 브랜드인지, 얼마짜리인지는 중요하지 않
다. 그들이 입는 옷의 스타일과 색깔 등에 의미가 있고 그들이 패션
을 통해 전하려는 메시지가 있다는 것을 알기에 마치 '숨은 코드'를
찾는 것 같은 재미가 있다.

과거엔 (남성) 정치인의 패션이라고 하면 약간 나이 들어 보이는
'2대8 가르마'와 다소 큰 사이즈의 양복이 대세였다. 하지만 이젠 대
중들도 깔끔하고 세련된 스타일의 정치인을 선호한다. 정치권에서
만난 한 인사는 내게 이런 이야기를 했었다. "영국 의회를 보세요. 아
직도 하얀색 가발을 쓰고 있잖아요. 국회가 '권위적'인 건 안 좋지만,
'권위'는 필요합니다. 입는 옷에 따라 마음가짐이 달라지는 거니까
요."

고개가 끄덕여졌다. 하지만 '권위'라는 말에 대해선 다시 한번 곱씹어볼 필요가 있다. 패션을 통해 권위를 보여주는 건 맞지만, 정치인이 꼭 그 권위를 드러낼 필요가 있을까? 강조하고 싶은 게 권위가 아닐 경우엔? 우리 국회도 의원들 대부분은 정장을 입고 오지만 간혹 상당히 캐주얼한 옷차림으로 오는 의원도 있긴 있다. 그중 유명한 장면 중 하나는 2003년 4.24 재·보궐 선거에서 당선된 유시민 당시 개혁국민정당 의원이 처음 등원할 때 흰색에 가까운 '백바지'와 노타이 차림으로 나타난 일이다. 당시 그의 패션에는 '파격'을 넘어 '국회 모독'이라는 비난이 쏟아졌다. 또 제21대 국회에서는 류호정 당시 정의당 의원이 청바지와 반팔 티셔츠, 붉은색 랩원피스 등 다소 '자유분방한' 차림으로 국회 본회의장에 등장해 논란이 되기도 했다. 이러한 복장에 대해선 의견이 분분할 수밖에 없다.

'패션정치'가 중요한 부분을 차지하는 분야 중 또 다른 하나는 바로 외교다. 특히 국내외 정상들과 영부인들이야말로 패션정치의 중심에 있고, 이들의 패션은 외교적 성과로 이어지는 데 결정적 역할을 하기도 한다. 이런 위치에 있는 인물들이 패션을 잘못 선택하거나 잘못 활용할 때 발생하는 부작용도 크다.

김건희는 영부인일 때 공식 석상에서 여러 차례 고가의 명품 의류와 보석을 착용해 논란을 불러일으켰다. 미국 도널드 트럼프 대통령의 부인 멜라니아 트럼프 여사도 빼놓을 수 없다. 그녀가 지난 2018년 이민자 아동 격리 수용시설을 방문했을 때 야상 점퍼와 흰색 티셔츠와 바지, 선글라스를 착용한 모습이 각 언론에 보도됐다. 모델 출신이다 보니 패션 화보처럼 보였지만, 나중에 이 사진으로 여론의 뭇매를 맞게 됐다. 점퍼 뒷면에 "난 정말 신경 안 써. 넌?(I Really don't care. Do you?)"이라는 문구가 새겨져 있었기 때문이다. 소위 TPO, 즉 Time(시간), Place(장소), Occasion(상황)에 맞지 않는 옷이었다. 이에 멜라니아 여사 측에선 "숨겨진 메시지는 없다. 그저 재킷일 뿐"이라는 해명을 내놨지만, 비판적인 여론은 한동안 가라앉지 않았다.

한 사회를 이끌어가는 위치에 있는 정치인과 지도자들, 그 배우자들이 그저 '예쁘고 멋져서' 입었다고 답변하는 것은 대중들에게 용납되지 않는다. 물론 패션에 매번 메시지를 담을 순 없겠으나 최소한 TPO는 지켜져야 한다. 이 책에서는 국내외 정치인과 지도자들, 그 배우자들의 패션과 정치 철학에 어떤 관계가 있는지, 또 그들의 패션 아이템에 담겨 있는 코드는 무엇인지 살펴보고자 한다.

※ 일러두기

- 본문에 나오는 국내 인물 중 위헌·위법 행위로 형사처벌 받은 전두환·노태우·이명박, 위헌·위법 행위로 탄핵당하고 형사처벌 받은 박근혜, 위헌·위법 행위로 탄핵당하고 재판 진행 중인 윤석열과 그 배우자 김건희, 내란중요임무종사 혐의로 재판 진행 중인 김용현에게는 대통령, 여사, 장관 등의 직함·존칭을 사용하지 않았습니다.
- 현직이 아닌 경우, 문맥에 따라 '전(前)' 자를 생략하였습니다.

FASHION

1장
대통령의 패션

FASHION

국가 지도자인 대통령은 배우자와 함께 패션을 통해 메시지를 전달하곤 한다. 옷의 색상, (남성인 경우) 넥타이의 색상과 무늬, 액세서리의 모양 등에 다 의미를 부여할 수 있다. 심지어 셔츠 소매를 걷었는지, 셔츠 단추를 몇 개 풀었는지, 넥타이 폭이 좁은지 넓은지 등도 그냥 지나칠 수 없다.

대통령이란 자리에 있다면 단지 마음에 든다는 이유로 아무 옷이나 입어선 안 되고, TPO에 걸맞으면서 나라를 적절히 대표할 수 있는 패션을 선보여야 한다. 브랜드의 국적도 중요하다. 공식행사에 노출되는 상황에서 만약 자국 브랜드가 아닌 타국 브랜드의 옷을 입었다면 이 또한 문제가 될 수 있다. 대통령과 배우자는 '걸어 다니는 국가'이기 때문이다.

대개 남성인 각국의 대통령들은 양복에서 세심한 스타일링으로 정치적 의미를 나타내곤 한다. 가장 쉬운 게 바로 넥타이다. 김대중 대통령의 경우, 굵은 사선의 줄무늬나 꽃무늬가 있는 넥타이를 착용해 나이에 비해 젊어 보이는 패션을 선보였고, 김영삼 대통령은 원색의 넥타이로 강인한 이미지를 보여주려고 했다. 이명박은 대선 전 당내 경선 당시 화사한 색의 넥타이와 함께 특히 소매를 걷어붙이는 모습을 보여줌으로써 적극적인 기업가 이미지를 연출했고, 이런 이미지는 대통령 당선에도 영향을 미쳤다. 노무현 대통령을 떠올리면 연상되는 이미지가 있다. 밀짚모자와 베이지색 점퍼 차림으로 자전거를 타는 모습이다. 이웃 사람 같은 소박함이 노 대통령의 패션에서 묻어나왔고, 그 이미지는 사람들의 머릿속에 잔상으로 남아있다.

대통령의 평상복은 노출될 일이 많지 않지만, 그럴 경우엔 가능한 한 평범하고 소박하게 입는 것이 국민들에게 점수를 따기 좋다. 일반 국민들이 '대통령도 나와 같은 사람이구나' 하며 동질감을 느낄 수 있기 때문이다. 대통령이 평상복 차림으로 있는 자리는 공식적인 자리가 아니기 때문에 국민들이 대통령에게 기대하는 '친서민적 모습'의 기준은 더 높다.

이번 장에서는 우리나라와 미국의 대통령들 패션을 짚어본다. 왜 윤석열은 평상복으로 '천안함 티셔츠'를 고집했는지, 갑부로 소문난 트럼프가 '긴 기장의 빨간 넥타이'만 선호하는 이유는 무엇인지 등을 살펴본다.

이재명 태극기 배지

2025년 6월 3일의 제21대 대통령선거. 전 대통령이 탄핵당해 조기 대선으로 치러지게 되면서 '대선 기간'이라고 불릴 만한 기간이 매우 짧았다. 이재명 대통령은 후보 시절 탄탄한 지지율에도 불구하고 재판 등으로 인해 대선 과정이 순탄치 않았다. 그럼에도 '실용주의'를 강조하며 대선 후보로서 중도 이미지를 부각시키고자 했다. 이 과정에서 그에 걸맞게 변화된 패션을 선보이며 이미지 변신을 시도했고, 실제로도 이 같은 의도를 잘 나타내는 옷차림을 연출했다.

그의 패션에서 본격적인 변화가 나타난 것은 출마선언 때부터다. 그는 다큐멘터리 스타일의 10분짜리 영상을 통해 출마선언을 했는데, 통상 양복에 소속 정당을 상징하는 넥타이를 매고 상징적인 공간에서 출마선언을 하는 다른 후보들과 차별화되는 전략을 구사했다. 영상 속에서 이 대통령은 옅은 베이지색 셔츠와 비슷한 색상의 니트를 겹쳐 입고 평소 쓰고 다니던 둥근 안경을 착용하고 등장했다. 검정이나 회색 대신 베이지색을 선택한 것은 '따뜻함'과 '중후함'을 강조하는 전략이었던 것으로 해석되었다. 특히 양 진영을 상징하는 빨간색, 파란색과 거리가 먼 베이지색은 어찌 보면 중도층을 공략하기에 좋은 색상이다. 또 넥타이와 정장 대신에 좀 더 편안하고 부드러워 보이는 스타일의 옷차림을 선택한 것은 '민생'과 '실용주의'를 강조하는 그의 공약과도 맞닿아 있다. 이 대통령은 출마선언

후 각 지역에 '경청투어'를 다닐 때도 노타이에 베이지색, 회색, 남색의 카디건 등 니트 차림을 자주 선보였다. 눈썹과 머리 색도 연한 갈색으로 바뀌었고, 다소 날카로워 보이던 표정이나 어조도 상당히 부드러워졌다.

이번에는 선거운동복에서도 변화가 두드러졌다. 통상 선거 유세를 다닐 때 입는, 이름과 기호가 적힌 파란색 더불어민주당(민주당) 점퍼인데, 흰색의 기호에 '빨간 점'이 찍혀있는 디자인이다. 민주당의 상징색인 파란색 점퍼에 국민의힘이 사용하는 빨간색을 결합한 것이다. 이런 디자인의 선거운동복은 처음 접해 본다. 진보와 보수를 상징하는 색을 모두 사용함으로써 '통합' 메시지를 분명히 전달하겠다는 의도로 읽혔다. 민주당 대선 캠프 관계자는 이 옷에 대해 "진보를 상징하는 파란색과 보수를 상징하는 빨간색을 함께 사용함으로써 모든 지지층을 아우르겠다는 메시지를 담았다"라고 설명했다. 실제 이 대통령은 이 선거운동복을 처음 입은 날 최고위원회의 모두발언에서도 국민 통합의 중요성을 강조했다. 그는 "대통령이라는 단어가 무슨 뜻인지 국어사전을 찾아봤다"라며 "'국민을 크게 통합하는 우두머리'라는 의미가 있더라"라고 소개했다.

그는 통합을 강조하기 위해 선거운동복뿐만 아니라 운동화와 넥타이의 색상에도 변화를 시도했다. 그는 첫 유세 때 구두가 아닌 운동화 차림으로 연단에 등장했다. 운동화는 파란색과 빨간색이 혼합된 디자인으로, 2022년 스포츠 브랜드 '리복'에서 출시한 모델이다.

2025년 4월 30일 더불어민주당 선거대책위원회 출범식(출처: 더불어민주당)

정가 89,000원의 남녀공용 제품인데, 이 대통령이 대선 유세 때 신고 나온 이후 품절 현상을 빚기도 했다. 대선을 열흘 남짓 앞두고 기자회견을 열었을 때는 넥타이가 화제가 되었다. 그는 빨간색과 파란색, 회색이 섞인 사선 무늬의 넥타이를 매고 나왔다. 이 대통령은 대선 기간 내내 여론조사 지지율 1위를 놓치지 않았으나, 선거가 얼마 안 남은 시점에 국민의힘 김문수 후보가 보수 지지층을 결집하며 추격해오자 '통합'을 더 강조하는 행보를 보인 것으로 판단된다. 단순히 전통적 지지층에 매몰되지 않고 '준비된 대통령'의 면모를 패션을 통해 보여주려 한 것이다. 실제로 이날 기자회견에서는 "특정인을 겨냥하는 정치 보복은 결단코 없을 것"이라며 지지층만을 위한 정치가 아닌, 모두를 위한 정치를 펼치겠다는 뜻을 보여주었다. 참고로 국민의힘 김문수 후보의 경우는, 2:8 가르마의 흑발에 무테(혹은 반테)안경을 착용하고 선거운동복을 입거나 양복에 빨간 넥타이를 매는 식으로 보수층을 공략하는 전형적인 스타일을 보여주었다. 이재명 대통령은 선거운동 과정에서 이렇듯 세밀하게 설계된 패션으로 전략을 확실히 보여준 것이다.

이 대통령은 지난 몇 번의 선거에서 지역 유세를 다닐 때 지역 특성에 따라 양복이나 캐주얼 차림 혹은 당 점퍼 중 하나를 택해서 입었다. 예컨대 2022년 대선 때 경기도 수원 만석공원 유세에선 남색 양복에 남색·갈색의 줄무늬 넥타이를 맨 모습이었다. 이어서 약 2시간 30분 뒤 경기도 안양 중앙공원 연단에 올랐을 때는 '더불어민주당 1번 이재명' 문구가 있는 파란색 민주당 점퍼를 입은 모습이었다. 안양 지역에 호남 출신 유권자들이 많은 만큼 이를 염두에 둔 차림이 아니었나 싶다.

2024년 4월 총선 국면에서는 한동훈 전 국민의힘 대표와 상반된 패션을 종종 보여줬다. 한 대표는 넥타이를 매지 않고 셔츠나 점퍼 등의 캐주얼한 차림으로 지원 유세를 다녔다. 반면에 이 대통령은 넥타이를 맨 정장 차림을 자주 선보였다. 간혹 파란색 민주당 점퍼를 입기도 했지만, 정장을 입고 지원 유세를 다니며 민주당 리더로

2023년 8월 이재명 당시 더불어민주당 대표의
양복에 달린 태극기 배지(출처: 이재명 페이스북)

서 무게감과 노련함을 강조하려 했던 것으로 보인다. 2022년에 이 대통령이 윤석열과 대선에서 맞붙었을 때 보여줬던 차림새와 비교하면 미묘하게 차이가 있다. 윤석열보다 네 살 아래인 이 대통령은 당시 니트와 재킷의 조합을 통해 윤석열보다 젊어 보이는 스타일을 시도했다.

그가 평소 보여주는 양복 패션도 주목할 만하다. 특히 그가 양복을 입을 때 항상 착용하는 아이템이 있는데 바로 '태극기 배지'다. 우리나라에서 '태극기'라는 말을 들으면 흔히 떠올리게 되는 이미지가 있다. 아마도 '태극기 부대'나 전광훈 같은 극우의 모습일 것이다. 안타깝게도 태극기의 이미지가 점차 퇴색되어가고 있는 것이다. 이 대통령이 양복에 태극기 배지를 달고 나오기 시작한 것은 2023년 3월 윤석열 정부가 일제 강제동원 배상안을 발표한 직후다. 당시 민주당은 굴욕적 대일외교를 중단하라며 정부의 강제동원 해법을 규탄하고 당 차원에서 대일굴욕외교대책위원회를 만들었다. 이 대통령을 비롯해 민주당 의원들은 당시 태극기 배지를 가슴에 달고 차량과 의원실 등에 태극기를 거는 '태극기 퍼포먼스'로 정부의 굴욕적 배상안에 항의했다.

이 대통령은 2024년 4월 29일 윤석열과 처음 마주 앉아 회담할 때도 태극기 배지를 가슴에 달고 있었다. 당시 동행했던 의원들은 국회의원 배지를 달고 있었기에 이 대통령의 태극기 배지가 더 눈에 띄었다. 이 때문에 태극기 배지를 착용하고 간 것이 윤석열 정부에 대한 항의성 행동이었다는 분석이 많았다.

이날 이 대통령은 윤석열과 첫 영수 회담인 만큼 사전에 철저히 준비한 기색이었다. 실제로 A4용지 열 장에 달하는 원고를 미리 준비해 현장에서 모두 읽은 것이 기선제압의 일환으로 평가됐다. 회담의 내용적 측면은 논외로 하고, 외적인 면에서 양측이 차별화된 지점이 바로 이 태극기 배지였다. 윤석열은 붉은 계열의 넥타이를, 이 대통령은 파란색 넥타이를 매고 나왔는데 이는 예상된 차림이었다. 그런데 이 대통령의 특별할 것 없는 양복 차림에서 눈길을 끈 것이 바로 태극기 배지였다.

보통 국가 정상이 외국에서 외교 활동을 할 때 국기 배지를 착용하곤 한다. 윤석열과 김건희도 해외 순방 때 태극기 배지를 달고 가기도 했다. 이 대통령은 이런 통념을 깨고 오히려 국내에서 태극기 배지를 달고 윤석열을 만남으로써 윤석열 정권의 망국적 통치를 규탄하고 자신의 정치적 입지를 강화하려 했던 것으로 보인다. 태극기에 대한 부정적 이미지와 거부감을 정면 돌파하는 시도였다.

이 대통령은 정계 입문 후 스타일에서 여러 차례 소소하게 변화를 보여줬다. 가장 눈에 띄는 변화는 머리 색이다. 정치를 시작했을 때 검은색이던 머리는 세월의 흐름 속에 자연스럽게 흰색으로 바뀌어 갔다. 그는 한동안 흰머리를 그대로 두어 노련하고 경륜 있는 정치인의 이미지를 보여주려 했다.

그가 염색으로 흑발로 변신한 것은 2022년 대선을 앞둔 시기였다. 대선 국면에서 젊은 층 유권자들에게 어필하기 위한 전략이었을 것이다. 그는 이번 2025년 조기 대선에서도 머리 색에 변화를 줬다. 내내 옅은 갈색 머리를 유지하다 선거가 얼마 안 남은 시점에 흑발로 등장했는데, 이는 부드러운 인상보다는 선명한 인상을 부각시키려 한 의도로 풀이되었다. 특히 검은 머리로 바꾼 후 유세차 방문한 지역이 전라남도였기에 호남 지지층을 결집하기 위한 행보로 해석되었다. 실제로 머리 색을 바꾼 이유에 대해 당시 민주당 캠프 관계자는 "갈색 머리가 가벼운 인상을 줄 수 있다는 조언이 있었다"라고 설명했다.

의상에서도 변화가 있었다. 어두운 색상보다 베이지나 브라운 등 좀 더 밝은 색상의 콤비 정장과 회색 터틀넥 등의 캐주얼한 차림으로 친근한 느낌을 강조했다. 특히 이러한 니트 패션은 활동성도 높고 셔츠 차림보다 부드러워 보여 정치인들에게 좋은 아이템이다. 앞서 언급한 것처럼 2025년 대선 직전에도 2022년 대선 직전과 비슷하게 머리 색과 패션에 변화를 줬다.

2022년 대선을 앞두고 흑발 염색과 캐주얼한 옷차림을 권유한 이는 부인 김혜경 여사였던 것으로 알려졌다. 김 여사는 2022년 한 여성지와 인터뷰에서 "매일 얼굴을 맞대고 살다 보니 어떤 스타일이 더 잘 어울리는지 경험으로 터득했다"라며 "남편은 쨍한 느낌의 파란색보다는 부드럽고 연한 파란색이 더 잘 어울린다"라고 말했다.

안경테도 이 대통령의 상징적인 패션 아이템이다. 안경테에 따라 인상이 달라지기 마련인데 그는 이 점을 잘 활용했다. 예전에는 사각 형태의 안경테였으나 스타일에 변화를 주면서 둥근 안경테로 바꾸었다. 눈매가 다소 날카로운 편인데 둥근 안경테로 바꾼 뒤 훨씬 부드러운 인상이 되었다는 평이 많다. 해당 안경테는 국내 브랜드인 '바이코즈'의 '바온'이라는 제품이다. 일차적으로는 실용성과 디자인을 고려하여 선택했겠지만, 일부러 국내 하우스브랜드(안경 전문 브랜드) 제품을 택한 것으로 보인다.

이 대통령은 화려한 패셔니스타는 아니지만, 정치인으로서 중후함과 노련함, 실용주의를 보여주려는 시도를 계속하고 있다. 특히 대선을 앞두고는 편안한 캐주얼 스타일로 젊은 층에 어필하고자 했다. 물론 대부분의 경우는 단정한 정장 차림으로 '준비된 정치인'의 이미지를 보여주었고, 정장 차림에 항상 착용하는 '태극기 배지'는 그의 정치적 입지를 확고히 하는 하나의 상징으로 자리매김했다.

__윤석열__ 먹색 양복, 붉은 넥타이, 부풀린 머리

2024년 12월 3일. 밤 9시 30분쯤부터 회사 메신저 대화방 분위기가 심상치 않게 흘러갔다. 정부에서 긴급 발표를 한다는데 뭔지 좀 알아보라는 지시가 내려왔다. 기자들은 각각 출입처별로 무슨 일인지 확인해보기 시작했다. 저녁 시간대이다 보니 식사 자리에서 술 한잔하고 있는 사람들이 많았는데 대부분 "뭐야?", "북한군 관련인가?" 등 전혀 모르겠다는 반응이었다. 어쨌든 정부의 긴급 발표를 생방송으로 내보낼 준비는 다 해놔야 했다.

밤 10시가 되자 방송이 시작됐다. 먹색 양복에 붉은 넥타이를 맨 윤석열이 '국회 예산안', '야당' 등을 언급하는 것을 보면서, '굳이 왜 이 늦은 시각에 저런 얘기를 긴급 발표 형식으로 하는 걸까?' 하는 생각이 들었다. 그러다가 분위기가 급반전되었다. '계엄'이라는 단어가 나온 것이다. 순간 내가 잘못 들은 줄 알았으나 방송 자막에 이미 '계엄' 글자가 나오고 있었다. 내가 아는 그 계엄이 맞는지 확신이 들지 않아 심지어 인터넷 검색창에 '계엄'이라고 입력해 확인해보기도 했다. 내가 알고 있던 그 계엄 외에 다른 뜻은 없었다.

나를 포함해 기자들 모두 다시 회사로 '재출근'을 했다. 난 아무 원고도 없이 급하게 방송에 들어갔다. 상황은 급박하게 돌아가는데, 들어오는 정보는 매우 제한적이었다. 3시간 넘게 생방송을 하면서 윤석열의 긴급 발표를 여러 차례 반복 재생하며 방송을 이어 나갔다.

TV에 나와 비상계엄을 선포할 때 윤석열은 먹색 양복과 붉은 넥타이 차림에 머리에 힘을 잔뜩 준 듯한 모습을 하고 있었다. 카리스마와 강인함을 보여주려는 의도였는지 모르지만, 눈에서 느껴졌던 것은 일종의 살기였다.

가까스로 계엄이 해제되었으나 대한민국은 혼란에 빠졌다. 계엄 해제 후 사흘 뒤 윤석열은 다시 카메라 앞에 섰다. 계엄령을 선포할 때와 거의 비슷한 차림이었다. "심려를 끼쳐 드린 점 사과드린다"라며 진정성이 느껴지지 않는 한마디를 던진 후 계엄의 정당성을 설명하기 시작했다. 계엄 선포가 "대통령으로서의 절박함"에서 비롯됐다는 이해하기 어려운 말이었다.

이후 12월 12일, 또 한 번 대국민 담화를 했는데 이번에도 옷차림은 같았으나 머리 모양에 약간의 변화가 있었다. 평소와 같은 2대 8 가르마였는데, 그때보다 머리에 힘을 더 줬는지 정수리 머리숱이 풍성해 보이면서 위로 한껏 부풀려져 있었다. 또 앞선 발표 때 희끗희끗 보였던 흰머리도 거의 드러나지 않았다. 이에 따라 온라인 커뮤니티에선 "이 와중에 뿌리염색을 한 거냐?", "얼굴이 더 좋아졌다", "국민은 수렁에 빠뜨려놓고 세상 편하구나", "염색할 여유가 있네" 등 비난의 글들이 줄지어 올라오기도 했다.

혹시 일부러 좀 더 정돈된 외모를 하고 나온 거였다면 그 의도는 뻔했다. 12월 12일의 담화는 계엄 사태 촉발의 원인이 야당에 있다고 주장하며 자진 하야 의사가 없음을 강하게 밝히는 자리였기에 나름 '당당하고 추진력 있는' 이미지를 연출하려 했을 것이다. 이를 통해 자신의 지지층에게, 무조건 앞으로 밀고 나가라는 메시지를 전달하려고 했는지 모른다. 하지만 이날 윤석열이 보여준 모습과 태도는 국민들을 오히려 더 공포로 몰아넣었을 뿐이다.

헌법재판소 탄핵 심판 과정에서도 그의 차림새는 논란거리가 되었다. 구치소 수감 중에 헌재 대심판정에 나온 건데 수감자치고는 상당히 단정한 모습이었기 때문이다. 빨간 넥타이에 검은색 정장, 2 대8 가르마로 잘 정돈된 머리, 살짝 화장한 듯한 피부까지, 아주 멀끔한 모습이었다. '어떻게 구치소 수감자가 머리를 손질하고 화장까지 하고 나올 수 있느냐'가 논란이 됐다.

박은정 조국혁신당 의원은 당시 페이스북에 "대체 일반 수용자 중에 어느 누가 재판 출석 전에 머리를 손질받는다는 말인가?"라며 "특혜성 황제 출장 스타일링 서비스를 승인한 인물은 누구인가? 메이크업 의혹은 사실인가?"라고 비판했다. 이에 법무부는 "출석 전 대통령실에서 서울구치소 측에 대통령으로서의 의전과 예우, 헌법재판의 중요성 및 관심도 등을 고려해달라는 협조 요청을 했다"라며 "현직 대통령 신분인 점 및 이전 교정시설 내 선거방송 촬영 시 후보자 분장 등에 협조한 사례가 있어 특혜라고 보기 어려운 점 등을 종합적으로 고려해 대기 공간 내에서 간단한 모발 정리를 받을 수 있도록 협조했다"라고 전했다. 정리하면, 이날 윤석열이 대통령실 측의 요청으로 구치소 측의 승인을 받아 머리 손질과 분장을 받고 나왔음이 확인된 것이다. 한편, 내란 이인자 김용현은 염색을 못 해 희끗희끗한 머리 색에 머리 모양도 정돈되지 않은 상태로 출석해 깔끔한 모습의 윤석열과 대조를 이루었다.

전두환과 노태우의 경우, 대법정에 섰을 때 하늘색 수의 차림이었고 두 사람 가슴에는 수용번호가 선명했다. 국정 농단 사태로 구속된 박근혜는, 첫 재판 때 수의 대신 파란색 정장을 입긴 했지만 손목에 수갑이 채워져 있었고, 옷깃에 수용번호 '503'이 드러나 있었다. 특히 특유의 '올림머리'도 당시 구치소에서 산 집게핀과 똑딱핀으로 직접 손질해 연출한 것으로 알려졌다. 이런 전례들과 비교해보면 윤석열의 경우는 특혜에 해당한다는 지적이 나올 만하다.

그가 굳이 그렇게 갖춰 입고 분장까지 받고 나온 이유는 뭘까? 차라리 조금 초췌해 보이는 것이 약간의 동정심이라도 얻는 데 유리하지 않을까 싶었는데, 다시 생각해보니 꼭 그렇지만도 않았다. '나는 떳떳하며 여전히 이 나라의 대통령'이라는 것을 지지자들에게 보여주기 위해서는 당당해 보이는 이미지가 필요했던 것이다. 탄핵 심판 변론기일에 보여준 그의 패션은 한마디로 '나는 당당하다' 스타일이었다. 극렬 지지자들은 이런 모습에 안심하고 위로받았을 것이고, 아마도 '우리의 대통령님은 여전히 건재하다'라고 생각했을 것이다. 행여라도 다 무너져버린 것 같은 모양새로 등장하면 지지자들에게 '다 끝났다'라는 메시지로 해석되어 지지자들이 위축될 것을 우려한 것으로 보인다.

하지만 대다수의 국민들에겐 이런 모습이 더 반감을 초래했다. 조사는 거부한 채 탄핵 심판정에 화장에 머리 손질까지 하고 나와 반성은커녕 일방적 주장만 늘어놓는 모습은 당혹스러움만 안겨주었다. 물론 수의 차림이 더 낫다고는 할 수 없겠으나, 적어도 죄를 짓고 수감된 처지에 반성의 기미라도 보여주는 차림이었다면 그나마 정상 참작의 여지가 조금은 생겨나지 않았을까.

파면된 뒤 관저에서 일주일 만에 퇴거할 때의 태도와 모습도 논란을 불러왔다. 노타이 양복 차림으로 차에서 내려 지지자들과 일일이 악수하는 모습은 파면된 대통령의 모습이 아니었다. 그는 지지자가 건넨 빨간색 모자를 써 보이기도 했는데, 모자에는 'Make Korea Great Again(한국을 다시 위대하게)'이라고 적혀 있었다. 이 문구는 미국 트럼프 대통령 지지자들이 사용하는 캐치프레이즈에서 'America'를 'Korea'로 바꾼 것이다(트럼프의 MAGA 모자에 대해서는 뒤에 좀 더 자세히 다룬다). 윤석열은 트럼프의 MAGA 모자를 베낀 듯한 MKGA 모자를 쓴 채 뿌듯해 보이는 얼굴로 지지자들을 대했다. 심지어 관저에서 사저로 갈 때는 저속주행을 하며 마치 카퍼레이드를 하듯 이동했고, 차창을 열고 지지자들을 향해 손을 흔들기도 했다. 마치 파면된 대통령이 아닌 취임식장으로 향하는 대통령의 모습이다. 탄핵 과정에서도 전 국민이 아닌 일부 지지층만을 위한 메시지를 지속적으로 내왔는데, 자연인으로 돌아간 이후에도 정치권에 영향력을 미칠 생각으로 지지자 결집을 도모하는 것으로 보였다. 지지자들에겐 당당하다 못해 뻔뻔스러워 보이는 그의 태도와 모습이 오히려 힘이 되는 것이었다.

옷차림에 있어서는 사실 탄핵 국면이 시작되기 전에도 양복바지 때문에 언론과 전문가들의 지적을 여러 차례 받아왔다. 동양인치고 는 체구가 큰데 키가 180cm 가까이 되고 몸무게도 90kg 정도인 것 으로 알려져 있다. 최근엔 남성들도 양복을 몸에 딱 맞게 입는 게 대 세인데, 그는 체형 때문에 좀 넉넉하게 입는 걸 선호하는 것으로 보 인다. 다만 바지가 늘 후줄근하게 주름져 있어서 혹시 바지를 거꾸 로 입은 것 아니냐는 '웃픈' 얘기까지 떠돌았다. 체형 때문에 어쩔 수 없었겠지만, 취임 직후인 2022년 5월 미국의 바이든과 만났을 때 촬영된 사진을 보면 날씬한 축에 속하는 바이든과 한눈에 비교된다. 윤석열의 바지는 헐렁한 탓에 주름져 있어 정돈되지 못한 인상을 준 다. 물론 중요한 것은 양 정상 간의 회담 자체겠으나, 일국의 정상으 로서 갖춰야 할 외적 품위 면에서는 아쉬운 것이 사실이다.

실제로도 윤석열의 패션은 그다지 돋보이는 스타일이 아니다. 당 선인 시절에는 터틀넥을 즐겨 입었다. 공개 일정을 소화하면서 며칠 동안 색깔만 바꿔가며 입고 나오기도 했다. 남성 정치인이라면 보통 셔츠에 넥타이 차림이 정석인데, 그러한 틀을 깬 스타일이라는 평이 었다. 당시는 윤석열에 대해 긍정적인 평가가 우세한 때였던 만큼 격식보다 민생과 실용주의를 중시하는 국정 철학이 패션에 반영된 것이라는 풀이가 나왔다.

2022년 5월 회색 경량 패딩을 입고 있는
윤석열(출처: 보배드림)

정장 외의 평상복으로는 그가 검사 시절부터 줄곧 입어온 회색 경량 패딩이 유명하다. 대통령이 된 후에도 입고 있는 모습이 여러 차례 포착돼 '동네 패딩', '패딩 문신설' 등 각종 별명까지 생겨났다. 대통령 후보 시절 한 예능 프로그램에 출연했을 때도 이 패딩에 대한 이야기가 나온 적 있다. 프로그램 진행자가 "부인이 패션 조언을 안 해 주냐"라는 질문을 던지자 윤석열은 "해줬는데 내가 말을 잘 안 들어서 포기했다"라고 답하기도 했다. 탄핵 과정에서 관저에서 산책하던 모습이 카메라에 포착됐을 때도 이와 유사한 패딩을 입고 있었다.

윤석열의 평상복 차림 중 의미를 부여하고자 의도적으로 연출된 패션이 있다. 바로 천안함 그림이 그려진 티셔츠와 모자다. 2023년 6월, 부산 엑스포 유치를 위해 프랑스 파리로 출장을 갔던 그는 아침에 숙소 부근의 몽소공원을 산책했다. 모자와 반팔 티셔츠 차림의 편한 모습이었다. 이때 입은 남색 티셔츠가 바로 천안함 티셔츠다. 앞면에는 'PCC-772'라는 천안함 공식 함명이, 뒷면에는 천안함 그림을 배경으로 희생 용사들의 숫자 '46', 구조 작전 중 순직한 한주호 준위를 의미하는 '+1', 천안함 취역 연도 '1989', 피격된 연도 '2010' 등이 적혀 있다. 또 모자에는 천안함 그림과 태극기가 그려져 있다.

대통령실 관계자는 당시 이러한 복장에 대해 "윤 대통령께서는 천안함 희생 용사들을 늘 생각한다"라며 "특히 6월이 호국보훈의 달이고 해외 출장에서도 잊지 않는다는 마음으로 모자와 티셔츠를 챙긴 것으로 안다"라고 설명했다. 해당 모자는 2021년 6월 천안함 생존자 예비역 전우회장 전준영 씨가 선물한 것으로 전해졌다. 천안함 희생자들을 추모하는 마음을 옷차림으로 보여주려 했다는 건데, 일각에서는 이러한 복장이 부산 엑스포 유치를 목적으로 갔던 자리에선 적절하지 않았다고 지적했다.

외국인들은 '툭하면 북한 미사일이 하늘을 날아다니는 분단국가'에 대해 불안감을 느낀다. 이게 현실이다. 그런 외국의 불안감을 해소시켜 주고 부산 엑스포 유치 성공을 위해 혼신의 힘을 다해도 모자랄 판에 '구태여' 천안함의 비극을 떠올리게 하는 티셔츠와 모자를 착용했으니 적절했다고 볼 수 없다.

ー2023년 6월 21일 〈세상을 바꾸는 시민언론 민들레〉의 [윤석열 대통령의 '부적절한 파리 패션'] 중에서 그는 천안함 모자를 같은 해 7월 리투아니아 북대서양조약기구(NATO) 순방 때도 착용했다. 또 그로부터 한 달 뒤인 8월 여름휴가 때도 같은 천안함 모자와 티셔츠 차림으로 진해 해군기지를 찾았다. 2024년 여름휴가 때도 티셔츠 색만 흰색으로 바뀌었을 뿐 크게 다르지 않았다. 2024년에 입은 티셔츠는 천안함 피격 생존 간부가 선물로 건넨 거라고 한다. 그에겐 천안함 티셔츠와 모자가 휴가지와 순방의 필수품이었나 보다.

패션정치·패션외교와는 거리가 먼 윤석열이 이토록 천안함 패션에 집착했던 이유는 뭘까. 그가 정치에 뛰어든 이유 중 하나가 천안함이라는 설(說)이 있다. 그는 2021년 3월 검찰총장직에서 물러난 뒤 정치에 입문했다. 당시 그는 천안함 생존자 예비역 전우회장 전

2023년 6월 20일 프랑스 방문 중 천안함 티셔츠와 모자를 착용한 윤석열(출처: 대통령실)

준영 씨를 만나러 대전까지 내려갔다. 그 자리에서 전 씨에게 "천안함 피격 사건은 한국이 여전히 전쟁의 위협에 노출된 국가라는 상징"이라며 "그들(천안함 희생 장병)을 잊지 않아야 하는 이유는 자신의 목숨을 걸고 이 나라를 지켜야 할 사람들에게 '끝까지 함께한다'는 믿음을 주기 위한 것"이라고 말했다. 전 씨를 만나기 전날에는 국립현충원을 찾아 참배하며 방명록에 "조국을 위해 희생한 분들이 분노하지 않는 나라를 만들겠다"라고 쓰기도 했다. 말하자면 '안보 행보'로 대권 행보를 시작한 셈이다.

2024년 여름휴가 중에는 해군 로고가 적힌 반팔 티셔츠를 입기도 했다. 앞면에 'ROKN(Republic of Korea Navy)', 뒷면에 'Korea Navy'라고 크게 적힌 남색 티셔츠를 입고 통영시장을 방문했다. 또한 이런 밀리터리 패션으로 진해와 계룡대 등 군부대를 찾아 장병들을 격려하기도 했다. 이러한 행보에 대해 여론은 비판적이었다. 각종 온라인 커뮤니티에서는 대통령이 해병대 채상병 특검법에 거부권(재의요구안)을 행사해놓고 이러고 다니는 게 적절하냐는 비판이 쏟아졌다. 채상병 죽음의 진상 규명은 거부하면서 해군 옷을 입고 군인들을 격려하는 게 맞느냐는 문제 제기였다.

패션정치와는 분명 거리가 먼 대통령이었으나 대통령 자리에 있으면서 그나마 패션에 의미를 부여해 보고자 했던 시도들마저 부적절하다는 논란을 불러일으켰다. 이제 국민들 기억에 남게 된 그의 모습은 '12.3 내란 사태' 과정에서 보여준 먹색 양복, 붉은 넥타이,

부풀린 머리뿐일 것 같다. 강인해 보이고자 했지만, 살기와 적의만 느껴지던 패션. 끝날 때까지 모두를 공포의 도가니로 몰아넣은 계엄 날 밤의 그 패션은 국민들 뇌리에 박혀 꽤 오랜 기간 지워지지 않을 듯하다.

문재인 줄무늬 넥타이

문재인 대통령이 취임할 당시 나는 청와대를 출입하는 기자였다. 출입 기자들과 함께 청와대 집무실에서 만날 기회가 있었는데 당시 문 대통령은 넥타이에 와이셔츠 차림이었다. 그는 재킷을 입지 않은 '노재킷' 차림으로 편안하게 기자들과 대화하고 사진을 찍었다.

취임 초기 문 대통령은 이처럼 노재킷 혹은 노타이 차림을 주도했다. 청와대에 불러온 신선한 패션 바람이었다. 특히 취임 다음 날인 2017년 5월 11일에 찍힌 사진이 상징적이었다. 대통령이 점심 식사 후 한 손에 테이크아웃 커피잔을 들고 다른 손에는 재킷을 벗어들고 청와대 경내를 산책하는 모습이었다. 직장인들이 몰려 있는 여의도 같은 곳에서 흔히 볼 수 있는 장면이다. 이 사진은 곧 'NO 격식'의 상징으로 여겨져 당시 청와대의 긍정적인 면을 부각시켜 주었다. 실제로 문 대통령은 참모들도 회의에 노타이, 노재킷으로 참석할 수 있도록 했다. 일각에서는 이러한 모습을 '보여주기식'이라며 비판하기도 했지만, 그동안 복장에서부터 관료주의가 느껴지던 청와대 회의의 모습을 실용주의로 변화시킨 건 분명했다.

문 대통령 패션의 상징으로는 단연 안경테가 꼽힌다. 이른바 '문재인 안경'이라고 검색하면 손쉽게 알 수 있을 만큼 인기가 대단했다. '린드버그' 브랜드의 '모르텐' 제품으로, 티타늄 철사로 만들어져 가벼운 게 특징이다. 특히 둥근 형태의 안경테는 쓰는 사람에게 부드러운 이미지를 만들어준다. 이 제품은 가격이 70~80만 원대로, 문 대통령이 처음 착용하고 나왔을 때는 고가품이라는 지적도 있었다. 하지만 수년 동안 같은 안경을 착용하면서 그의 상징처럼 되어버린 데다 내구성이 높아 실용적이라는 평가가 곁들여지면서 고가품 논란은 사라졌다.

문 대통령의 임기 중에 패션에서 메시지를 뚜렷이 읽을 수 있었던 대표적 사례로 독도 강치 무늬 넥타이를 들 수 있다. 남성 정치인들이 주로 사용하는 패션 아이템은 역시나 넥타이인데 문 대통령 역시

2017년 8월 문재인 대통령과 청와대 출입 기자들의 만남 당시 대통령 집무실에서(출처: 직접 촬영)

어떤 메시지를 내고 싶을 때 넥타이를 활용했다. 그는 취임 직후 야당 원내대표들과 회동하는 자리에서 주황색 바탕에 독도 강치가 그려진 넥타이를 착용했다(2017년 5월). 이 넥타이는 국내 한 업체가 제112주년 독도 주권 선포의 날을 맞아 제작한 제품이다. 강치는 독도에 서식하다 일제강점기에 일본 어민들이 마구잡이로 잡아들여 멸종되다시피 한 동물로, 독도에 대한 한국의 주권을 상징한다고 볼 수 있다. 문 대통령은 취임 후 얼마 되지 않은 시점에 독도와 관련된 한국 정부의 메시지를 넥타이를 통해 나타낸 것이다. 이 넥타이는 그 후 일부 온라인 쇼핑몰에서 품절이 될 정도로 대중들의 큰 관심을 끌었다.

또한 문 대통령은 파란색을 특히 좋아해서 '이니블루(이름에서 따온 별명인 '이니'와 파란색을 뜻하는 '블루'의 합성어)'란 말까지 생겨났다. 짙은 파란색 넥타이를 맨 모습을 자주 보여줬는데, 파란색은 신뢰감을 주는 색상으로 잘 알려져 있다. 물론 소속 정당인 더불어민주당의 상징색이 파란색인 만큼 아무래도 더 자주 손이 갔을 거라고 짐작된다.

문 대통령은 파란 넥타이 외에 줄무늬 넥타이도 선호했다. 공식석상에 사선 줄무늬 넥타이를 자주 매고 등장했는데 2017년 제19대 대선 후보 포스터도 줄무늬 넥타이를 매고 찍었다. 특히 대선 후보 토론회 때도, 다른 후보들이 소속 정당 상징색의 옷이나 넥타이를 착용하고 나왔을 때 그는 줄무늬 넥타이를 매고 나왔다. 문 대통령에게 줄무늬 넥타이 착용을 처음 제안한 사람은 예종석 당시 더불어민주당 선거대책위원회 홍보본부장으로 알려져 있다. 마케팅 전문가였던 예 본부장은 "줄무늬 넥타이가 열정과 자신감, 안정감과 신뢰의 상징"이라고 표현했다. 신지연 당시 청와대 제1부속비서관도 문 대통령의 깔끔한 줄무늬 넥타이 코디를 맡았다. 특히 청색 계열이 섞인 줄무늬 넥타이를 자주 선보여 '이니블루 넥타이'란 이름까지 얻게 됐다.

일각에서는 문 대통령이 줄무늬 넥타이를 즐겨 착용한 것이 미

2017년 11월 문재인 대통령과 청와대 참모진의 회의(출처: 청와대)

국 케네디 대통령으로부터 영향을 받은 것이라고 풀이하기도 한다. 1960년 미국 대선에서 민주당 후보 케네디는 공화당 후보 닉슨과 맞붙었는데 당시 중요한 토론이나 연설 때는 항상 줄무늬 넥타이를 착용했다. 케네디는 초반에 열세를 보였지만 결국 닉슨을 꺾고 미국의 제35대 대통령에 당선됐다. 줄무늬 넥타이 덕분에 당선된 건 아니겠지만 TV가 보편화되면서 치러진 첫 선거였던 만큼 TV 토론에서 우세를 보이며 승기를 굳혔다고 볼 수 있다. 줄무늬 넥타이는 이렇게 케네디가 착용하면서 승리의 상징이 되었다.

문 대통령은 윤석열이 대통령에 당선된 직후 회동하는 자리에서 줄무늬 넥타이를 선물했다. 짙은 파란색에 빨강·주황·파랑·노랑 줄무늬가 들어 있는 넥타이다. 각 정당의 상징색이 골고루 배합되어 있어 '통합'과 '협치'를 의미하는 넥타이였던 셈이다. 문 대통령은 같은 모양의 넥타이를 이재명 더불어민주당 대표가 대선 후보였을 때도 선물한 것으로 알려져 있다. 이렇듯 줄무늬 넥타이 하나에도 여러 의미가 담겨 있는 것이다.

문 대통령의 평상복 패션으로 손에 꼽을 만한 것은 등산 점퍼다. 취미가 등산인 만큼 기자들과도 가끔 등산을 했는데, 당선 후 첫 주말에 기자들과 산에 갔을 때 착용했던 주황색 등산 점퍼는 당시 품절 현상을 빚기도 했다. 이 점퍼는 국내 아웃도어 브랜드인 '블랙야크' 제품으로 9만 원대에 판매되던 제품이다. 문 대통령이 이 점퍼를 입은 모습은 여러 차례 카메라에 포착됐다. 당시 블랙야크는 문재인 정부의 '공공기관 비정규직 제로' 정책에 동참한 업체로, 대통령의 패션을 통해 정책홍보까지 이루어진 사례이기도 하다.

문 대통령을 가까이 봤던 출입 기자로서 패션과 관련하여 특별히 인상에 남는 것은 없었던 편이다. 임기 동안 국제무대에서 패션을 통해 특별한 평가를 받은 일도 많지 않았다. 평범한 동네 아저씨 같은 느낌이었고, 실제로도 평상복 패션에서 풍기는 서민적 분위기에 친근함을 느끼는 지지자들이 꽤 많았던 것 같다.

퇴임 후 서점 주인이 되고 나서는 양복 차림을 한 모습은 거의 보기 힘들어졌다. 서점에서는 앞치마를 두르고 있는 모습이고, 텃밭을 가꿀 때는 밀짚모자를 쓰고 체크무늬 셔츠를 입고 있어 마치 동네 할아버지 같은 소박한 차림이다. 개인적 소감으로도 지금 서점을 운영하며 보여주는 편안하고 꾸밈없는 패션이 훨씬 더 잘 어울리는 듯하다.

박근혜 남색 코트

박근혜의 패션을 말할 때 가장 먼저 떠올리게 되는 건 아무래도 모친과 똑같은 스타일의 '올림머리'겠지만, 여기서는 각도를 조금 달리하여 남색 코트의 의미를 짚어보려 한다. 박근혜는 한국 최초의 여성 대통령이었던 만큼 패션에서 특히 많은 주목을 받았다. 여성 정치인은 남성 정치인보다 패션에서 다양성을 보여주어 언론 등에서 훨씬 더 관심을 보이기 마련이다. 이런 이유로 박근혜는 임기 중에 패션과 관련된 기사가 쏟아지다시피 했다.

박근혜는 국정농단 사태로 탄핵까지 당했다. 그 과정에서 비선 실세였던 최순실(개명 후 최서원)의 지인이 의상이나 가방을 직접 공수해주는 등의 행위가 드러나기도 했다. 불명예스럽게 자리에서 물러났지만 어쨌든 박근혜가 임기 중 보여준 패션에는 정치적으로 또는 외교적으로 의미하는 바가 있는 스타일들이 있었다.

박근혜는 공식 석상에서 거의 항상 올림머리에 깃 있는 재킷에 정장 바지를 입은 차림이었다. 올림머리는 모친 육영수 여사의 머리 스타일과 흡사하다. 바지 정장과는 별로 어울리지 않지만, 육 여사를 기억하는 중장년층 이상에게는 향수를 불러일으키는 머리 스타일인 셈이다. 재킷 중에서는 깃이 목을 가리는 차이나 칼라 형태를 자주 입었고, 블라우스는 엉덩이를 덮고 허리가 잘록하게 들어간 재킷 스타일의 롱블라우스를 즐겨 입었다. 상의는 때와 장소에 따라 다르게

2016년 9월 중국 항저우 G20 정상회의에 참석한 박근혜(출처: 청와대)

입었는데 특히 색깔에 의미를 부여했다.

2013년 중국을 방문했을 때는 화려한 노란 재킷에 회색 바지를 입었다. 중국인들이 황금색을 매우 좋아하기 때문에 이를 고려하여 택한 것으로 알려졌다. 시진핑 주석과 국빈 만찬 때도 황금빛 한복을 입었는데 이는 우리나라 고유의 한복을 알리면서 중국인들의 취향까지 고려한 선택이었다. 당시 김행 청와대 대변인은 "황금빛 한복을 입은 이유는 바닥에 붉은색 카펫이 깔려 있었기 때문"이라며 "중국에서는 붉은색에 황금색 수를 놓거나 글씨를 새기는 것이 좋은 징조를 의미한다"라고 설명했다.

같은 해 미국을 방문했을 때 연두색 재킷을 입은 것은 평화와 안

정의 의미를 표현한 것으로 해석되었다. 북한과 긴장 상태로 불안 지수가 높아진 국민 정서를 안정시키려는 의도로 풀이되었다. 또 오바마 대통령과 한미정상회담을 할 때는 파란색 재킷을 입고 나왔다. 파란색이 오바마가 소속된 미국 민주당의 상징색일 뿐만 아니라 신뢰를 상징하는 색이기도 해서 이 색상의 재킷을 고른 것이라는 분석이 나왔다. 당시 오바마도 파란색 타이를 매고 나와 더욱 눈길을 끌었다. 보통 양국의 정상회담이 있을 때는 양국 실무진이 사전에 의상에 대해서도 논의하는 것으로 알려져 있다.

박근혜의 경우 어떤 자리에서건 어떤 상대와 만났을 때건 옷에 신경을 많이 쓴 것으로 보인다. 패션이 외교에 직접 영향을 미친다고 할 수는 없어도 색상이나 디자인 등에 의미를 부여해 연출하면 그만큼 상대국을 섬세하게 배려한 느낌을 줄 수 있다. 박근혜는 그런 의미에서 나름대로 노력을 많이 했다고 평가할 수 있다. 하지만 좀 과했던 느낌도 없지 않다. 박근혜는 2013년 방미 기간에 다양한 디자인과 색상의 한복을 여러 벌 준비해갔다.

뉴욕 교포 간담회(2013년 5월)에서는 다홍색 고름으로 포인트를 준 화사한 미색 한복을 입었다.

스미소니언박물관에서 열린 한미동맹 기념 만찬에선 미색 저고리에 비취색 치마를 입었는데 우리나라 고려청자의 색감과 비슷한 비취색이 돋보였다. 박물관이라는 장소(place)의 특성과 미국에서 진행된 한미동맹 기념 만찬이라는 상황(occasion)을 고려한 차림새였다.

공무로 외국에 가는 경우 의상을 다양하게 준비해가면 상대방과 대화할 때 어색한 분위기를 풀어줄 스몰 토크(small talk)의 주제가 되어 좋은 면도 있을 것이다. 하지만 뭐든지 지나치면 모자란 것만 못하다. 당시 박근혜의 방미 기간에 쏟아진 기사들의 주제는 대부분 '박 대통령은 무슨 옷을 입었나?'였다. 물론 대통령의 외교 자체보다 대통령의 패션에 더 주목한 언론의 책임도 크겠으나, 패션쇼를 방불케 하는 옷들의 향연에 가려져 기억나는 방미 성과가 없다는 건 분명 문제가 아닐까.

박근혜는 재임 중 패션외교로 이렇듯 언론의 주목은 확실히 받았다. 하지만 결국 불명예스럽게 퇴진했으며, 결국 이 의상들 뒤에도 '비선 최순실'이 있었다는 사실이 드러났다. 박근혜의 옷을 실제로 만든 디자이너는 언론 인터뷰에서 이렇게 말했다.

대통령 해외 순방에 맞춰 한 번 순방 때마다 6~8벌 정도의 옷을 만들었다. 다른 옷을 만들지는 않았고 국내 공식행사에서도 순방용으로 만든 옷을 다시 입곤 했다. 한 달 정도 전에 순방 계획이 나오면 상대 나라가 선호하는 색, 국기 색 등을 고려해 디자인을 하고 옷을 만들었다. (중략) 원단은 몇천 원짜리부터 몇십만 원 정도까지였는데 고급은 아니었다.

- 2016년 12월 14일 〈한겨레신문〉의 [박 대통령 1차 사과 담화 때도 '최순실 옷' 입었다] 중에서

2013년 5월 5일 뉴욕 교포 간담회에 참석한 박근혜(출처: 대한민국정책브리핑)

    순방용 옷을 상대 나라의 선호 색상 등을 고려해 매번 여러 벌 제작했다는 것이다. 옷도 외교에서 중요한 수단일 수 있지만 혈세를 들여 옷을 제작하기보다는 다른 외교적 방식으로 상대 국가의 마음을 사로잡았어야 하는 건 아닐까.

    박근혜는 국내 정치의 여러 장면에서도 의미를 부여한 옷을 선호했다. 총선 등 선거를 앞두고 공식 일정을 수행할 때 의도적으로 당시 집권당인 새누리당을 상징하는 빨간색 재킷을 입는 식이다. 2015년 4.13 총선을 앞두고 충북 청주의 창조경제혁신센터를 방문했을 때도 빨간색 재킷을 입고 등장했다. 당시 청주는 여야가 예측

불허의 초접전을 벌이는 지역으로 꼽혔다. 이 때문에 정치권에서는 일부러 빨간 재킷을 입고 옴으로써 보수 지지층의 결집을 노린 것으로 해석했다.

박근혜는 불명예스럽게 자리에서 물러난 이후 공개석상에 모습을 드러낼 때는 대부분 남색 코트를 입고 등장했다. 그녀의 남색 코트에 주목하게 된 이유다. 이 남색 코트는 박근혜가 일종의 '전투복'으로 여기는 의상인 듯하다. 그는 2017년 3월 구속 전 피의자 심문을 받기 위해 서울중앙지법에 출석하면서 이 코트를 입고 나왔다. 2021년 12월 말에 석방된 뒤 2022년 3월 제20대 대선 사전투표를 할 때와 대구 달성군 자택에 입주할 때도 이 코트를 입고 등장했다. 그녀가 위기의 순간마다 '전투복'처럼 이 코트를 입는 이유는 일단 남색이라는 색상 자체가 특정 정당들과 무관하여 별다른 정치적 해석을 낳지 않기 때문으로 보인다. 또 남색 등의 청색 계열은 일반적으로 신뢰를 상징한다. 사람마다 개인적으로 중요한 순간에 지녀야 할 물건이 있기도 하듯 박근혜에겐 남색 코트가 그러한 의미를 갖는 존재가 아닐까 싶다. 박근혜는 윤석열의 취임식 때도 남색과 비슷한 푸른색 계열의 긴 블라우스를 입고 등장했다. 그녀는 자리에서 물러난 뒤에는 가능한 한 정치적 색채를 드러내지 않는 패션을 선보이고 있다.

박근혜는 탄핵 과정에서 세 차례 대국민 담화를 했는데, 이때는 모두 회색 계열의 바지 정장을 선택했다. 윤석열이 '12.3 내란 사태' 이

후 대국민 담화를 하는 과정을 살펴보면 박근혜 때와 상당 부분 겹친다. 윤석열이 먹색 양복에 붉은 넥타이만 고집했듯 박근혜도 옷에 큰 변화를 주지 않은 것이다. 다만 미묘한 변화는 있었다. 바로 액세서리다. 박근혜는 3차 대국민 담화 때 목이 드러난 회색 정장에 목걸이를 하고 나왔다. 앞선 1차와 2차 때는 회색 계열이긴 했지만 비교적 어두운 회색이었고, 목걸이 등의 액세서리를 착용하지 않았다. 화장기 없는 얼굴은 다소 초췌해 보이기까지 했다. 하지만 3차 담화 때는 좀 더 밝은 회색 정장을 입고 얼굴엔 색조 화장을 하고 목걸이도 착용하고 나왔다. "내가 이러려고 대통령을 했나"라며 울먹이던 2차 담화 때와 달리 3차 담화 때는 "국가를 위한 공적인 사업이라고 믿고 추진했던 일들이었고 그 과정에서 어떠한 개인적 이익도 취하지 않았다"라고 강조하며 단호한 어투로 말을 이어 나갔다. 앞선 담화 때에 비해 태도와 차림에서 당당함을 표현하려 한 의도가 보였다.

박근혜는 여성이었기 때문인지 모르겠으나 패션을 정치와 외교에 활용하려는 시도가 많았던 것으로 보인다. 이것이 이롭게 작용한 적도 분명 있겠지만 아쉬움도 있다. 특히 국제무대에서 여러 패션을 선보이느라 정작 외교 자체는 묻혀버린 점, 그 패션조차도 '탄핵당한 첫 번째 대통령'이라는 오명을 만들어준 비선 실세가 기획했다는 점이다.

도널드 트럼프 <u>빨간 넥타이</u>

도널드 트럼프가 다시 돌아왔다. 총까지 맞으며 순탄치 않은 유세 과정을 거쳤고, 그 덕분인지 또 한 번 미국 유권자들의 선택을 받았다.

2024년 11월 플로리다 팜비치 컨벤션센터에서 대선 승리 연설을 하러 지지자들 앞에 나선 트럼프는 여전히 빨간 넥타이를 매고 있었다. 긴 빨간색 넥타이와 헐렁한 양복 그리고 MAGA(Make America Great Again, 미국을 다시 위대하게) 모자는 그를 상징하는 트레이드 마크다. '미국을 다시 위대하게'라는 문구는 트럼프의 선거운동 구호다.

트럼프는 억만장자이지만 패션 감각에서는 그리 좋은 평가를 받지 못하는 게 사실이다. 분명한 건 그가 이러한 패션을 통해 말하려고 하는 것이 있다는 것이다. 그의 양복을 보면 상의는 어깨선 아래로 내려오고, 바지는 통이 넓어 헐렁하다. 2016년 트럼프가 처음 공화당 대선 후보가 됐을 때 언론들은 그의 패션에 혹평을 쏟아냈다. 〈워싱턴포스트〉는 "소매가 한 치수는 길어 보이고 전체적으로 벙벙하다. 양복 원단이 좋아 보이긴 하나 그가 입고 있으니 꼭 싸구려 같다"라고 했다.

보기와 달리 트럼프의 양복은 값비싼 브랜드의 제품으로 전해졌다. 실제로 그는 자서전에서 "내가 가장 좋아하는 양복은 브리오니"라고 밝힌 바 있다. 이탈리아 브랜드인 '브리오니'는 1945년 선보인 명품으로 영화 '007시리즈'에 출연한 배우 피어스 브로스넌이 이 브랜드의 정장을 입고 나와 더욱 유명해졌다. 때문에 '007 양복', '제임스 본드 양복'으로 불리기도 한다. 가격이 한 벌에 보통 400만 ~1,400만 원 정도 된다.

이렇게 고가의 정장임에도 '옷태'가 살지 않는 것은 그가 펑퍼짐하게 입기 때문이다. 하지만 전문가들은 그의 이런 옷 입기가 의도된 것이라고 본다. 그의 거침없는 이미지를 더욱 돋보이게 하고 특히 미국 저소득층 백인 남성들의 공감을 끌어내는 패션이라고 풀이한다. 또 이러한 스타일은 미국 경제 호황기인 1980년대의 월스트리트를 연상시키기 때문에 유권자들에게 긍정적 요인으로 작용했을 거라고 보기도 한다.

트럼프가 양복을 입을 때 늘 착용하는 빨간 넥타이는 일반 넥타이보다 훨씬 길다. 이 때문에 인터넷에선 그의 긴 넥타이를 조롱하는 밈(meme)이 넘쳐난다.

빨간 넥타이는 애국심과 권위 등을 상징하는 것으로 알려져 있다. 트럼프는 2018년

트럼프 대통령의 상징, 빨간 넥타이
(출처: realdonaldtrump 인스타그램)

과 2019년 김정은 북한 국무위원장과 북미정상회담을 할 때도 빨간 넥타이를 맸다. 당시 언론들도 트럼프의 빨간 넥타이를 '파워 타이'라고 부르며 상대방을 압도하려는 전략이 담겨 있는 패션이라고 분석했다. 실제로 케네디와 오바마 등 미국 전 대통령들도 중요한 자리에서 빨간 넥타이를 착용한 예가 있다. 그만큼 빨간 넥타이에는 권위와 카리스마의 상징성이 있다고 볼 수 있다.

특히 2019년 트럼프가 북미정상회담 직전 비무장지대(DMZ) 군사분계선(MDL)에 인접한 오울렛 미군 초소를 찾았을 때도 군복을 입지 않고 남색 정장에 빨간 넥타이를 맸는데 이 같은 패션에도 의도가 있었다. 클린턴, 조지 W. 부시, 오바마 등 전 대통령들이 과거에 오울렛 미군 초소를 찾았을 때는 다들 미군 로고가 새겨진 군용 점퍼를 입고 방문했다. 하지만 트럼프는 정장 차림을 선택했다. 군복이 아닌 일상복을 입음으로써 트럼프 행정부 들어 북미 관계가 완화됐음을 보여주려 했던 것으로 보인다. 실제로 트럼프는 당시 초소 내 감시탑에서 "아주 위험한 곳이었지만, 이제는 완전히 달라졌다"라고 말하기도 했다.

평소 빨간 넥타이를 착용하던 트럼프가 파란 넥타이를 매고 나와 화제가 된 적이 있다. 그는 문재인 대통령과 2017년 처음 만났을 때 파란 넥타이를 매고 등장했는데, 당시 두 사람의 넥타이는 상당히 비슷한 파란색이었다. 둘 다 어두운 색조의 양복에 비슷해 보이는 넥타이를 착용하고 기념 촬영을 하여 일부러 맞춰 입은 것 같은 느낌을 줬는데, 이는 사전에 의도된 것이 틀림없다. 이는 파란색으로 한미동맹을 강조하고자 하는 의도로 풀이되었다.

트럼프는 2025년 취임식에서는 빨간 넥타이 대신 자주색 넥타이를 매고 나와 눈길을 끌었다. 자주색은 공화당의 빨간색과 민주당의 파란색을 혼합할 때 나오는 색이라 통합을 강조한 것이라는 분석이 나오기도 했다. 1기 취임식 때 빨간 넥타이를 맸던 것과는 분명 달랐기 때문이다. 하지만 취임식 이후 트럼프는 다시 빨간 넥타이로 돌아왔다.

트럼프의 MAGA(마가) 모자는 많은 지지자들이 따라 쓰는 '유행템'이 됐다. 트럼프는 공식적인 자리에도 종종 이 모자를 쓰고 등장했다. 트럼프 지지자들로서는 트럼프와 같은 모자를 씀으로써 심리적 거리가 좁혀지는 효과가 있다. MAGA 모자의 영향력은 트럼프 당선 이후 더 커졌다. 트럼프를 지지하는 정치인들과 유명인들이 MAGA 모자를 쓰고 다니곤 하는데 대표적인 인물이 일론 머스크다(머스크의 패션은 뒤에서 따로 다룬다).

트럼프는 억만장자답게 착용하는 시계도 평범하지 않다. 고가 브랜드로 알려진 '롤렉스'는 물론이고 명품 시계의 '끝판왕'으로 통하는 '바쉐론 콘스탄틴'이나 '파텍 필립' 등 수천만 원을 호가하는 시계를 착용한 모습이 포착되기도 했다.

트럼프는 '괴짜'라는 수식어가 어색하지 않은 대통령이다. 정치인이기 전에 사업가였기에 정치도 사업가 스타일로 해치운다. 대통령이 되자마자 전 세계에 '관세전쟁'을 선포하고, 우리나라에도 '원스톱쇼핑(one stop shopping)'이라는 표현까지 써가며 관세, 방위비 분담금 등 여러 분야의 협상 타결을 한꺼번에 독촉하는 인물이다. 그의 패션도 마찬가지다. 화려하지는 않지만, 그가 누구인지를 보여주는 스타일, 즉 정체성과 지향을 확실하게 드러내는 스타일을 선호한다. 또 지지자들을 결집하는 방법의 하나로 모자를 선택한 것도 하나의 정치적 전략으로 볼 수 있다. 전 세계에 관세전쟁을 선포하고, 빨간 넥타이와 MAGA 모자, 양복 차림으로 한가로이 골프장에서 골프를 치는 모습이 그의 정치 스타일을 단적으로 보여준다.

2016년 MAGA 모자를 쓰고 선거 유세 중인 트럼프 대통령(출처: 게이지 스키드모어)

조 바이든 레이밴 선글라스

　미국의 조 바이든 대통령은 나이 때문에 결국 재선 도전을 포기했다. 그는 대통령이 된 이후 줄곧 나이가 큰 걸림돌이었다. 그래서인지 외모를 젊어 보이게 연출하려고 애쓴 흔적이 눈에 많이 띈다.

　다행히 183cm의 큰 키와 날씬한 체형 덕분에 정장을 입었을 때 모양새가 좋다. 벙벙하지 않은, 몸에 딱 떨어지는 정장을 입으며, 바지도 양말이 살짝 드러날 정도의 적당한 길이로 입는다. 색상은 파란 계열을 즐겨 입는데, 파란색은 신뢰감과 안정성 등을 상징하면서 젊고 역동적인 인상을 풍기기도 한다. 넥타이도 푸른 계열의 단색을 즐겨 맨다. 줄무늬 등 무늬가 있는 넥타이를 맬 때는 두 가지 색을 넘지 않도록 한다.

　바이든 하면 떠오르는 '시그니처 아이템'으로 빼놓을 수 없는 것이 바로 조종사 선글라스다. 실외 행사에 참석하거나 대통령 전용기(에어포스원)를 타고 내릴 때 항상 착용했다. 실제 바이든 자신도 '애착템'이란 것을 인정하는 말을 한 적이 있다.

　내가 일자리가 필요할 때 레이밴이 후원해줄지도 모른다.

- 2016년 11월 2일

　그의 애착템 선글라스를 만든 회사는 이탈리아의 선글라스 브랜드인 '레이밴'이다. 선글라스를 홍보해준 공로가 있으니 레이밴으로 부터 후원을 받을 만하다는 농담이다.

바이든은 이 조종사 선글라스를 윤석열에게도 선물했다. 조종사 선글라스는 영화 '탑건'의 톰 크루즈, '팝의 황제' 마이클 잭슨 등이 착용하면서 전 세계적으로 꾸준히 사랑받고 있는 패션 소품이다. 그러다 보니 세대나 정치적 성향과 상관없이 일반 시민들이 즐겨 찾는 아이템이 됐다. 바이든도 이러한 맥락에서 미국 평범한 중산층의 기호품인 조종사 선글라스를 선택한 것으로 볼 수 있다.

바이든이 즐겨 입은 미국의 대표적인 브랜드로 '랄프로렌'을 꼽을 수 있다. 그는 대통령 취임식 때도 랄프로렌 양복을 입었고, TPO에 따라 평상복 차림일 때 폴로 피케셔츠를 입기도 했다. 2020년 코로나19가 유행하기 시작했을 때 바이든이 백신 주사를 맞는 모습이 생중계됐는데 이때 입은 셔츠에도 랄프로렌 로고가 새겨져 있었다. 랄프로렌은 미국에서 가장 대중적인 브랜드로 통한다. 따라서 그 브랜드의 옷을 입은 건 의도적으로 친서민적 행보를 보여주기 위한 것으로 풀이된다.

바이든은 의도적으로 야구모자 패션을 선보이기도 했다. 그는 2024년 3월, 불법 이민자들이 건너오는 리오그란데강 주변의 미국-멕시코 국경을 찾은 적이 있다. 당시 그는 남색 재킷과 줄무늬 셔츠, 회색 바지에 운동화를 신고 야구모자를 쓴 차림이었다. 국경을 둘러보는 일정상 반캐주얼(semiformal) 차림을 한 것인데 대통령 직인이

찍힌 듯한 야구모자를 쓴 것
이 의도된 행동이라는 분석
이 나왔다. 당시만 해도 바
이든은 2024년 11월의 대
선에서 트럼프와 다시 한번
맞붙을 것으로 예상됐다. 따
라서 '현직' 대통령으로서
'누가 대통령인지 보라'는
메시지를 전달하고자 그런
스타일의 모자를 쓴 것이다.

바이든의 패션에서는 우
리나라와 맺은 각별한 인연
도 찾아볼 수 있다. 2001년
미국 상원 외교위원장이던

조 바이든 대통령의 '시그니처 룩'인 파란 셔츠와
조종사 선글라스(출처: 백악관)

바이든은 우리나라를 방문했다가 당시 김대중 대통령과 넥타이를
서로 바꿔 맨 일이 있다. 오찬 자리에서 바이든이 김 대통령의 넥타
이를 보고 "내가 그런 멋진 넥타이를 했으면 미국 대통령이 됐을 것"
이라는 농담을 던졌다. 그러자 김 대통령은 그 자리에서 매고 있던
넥타이를 바로 풀어 선물했다. 이에 바이든도 자신이 매고 있던 넥
타이를 풀어서 건넸다. 당시 김 대통령이 건네준 넥타이엔 수프 얼
룩이 묻어있었다. 하지만 바이든은 음식물 얼룩에 전혀 개의치 않았

1장 대통령의 패션 53

고, 세탁도 하지 않고 보관했다고 한다. 고난과 역경을 딛고 대통령이 된 김대중 대통령의 넥타이가 자신에게도 좋은 기운을 전해주리라 봤던 것 같다. 당시 두 사람의 넥타이 교환은 굳건한 한미동맹을 보여주는 상징적인 에피소드로 전해지고 있다.

바이든이 '탐냈던' 김 대통령의 녹색 넥타이는 그의 정치적 적자로 알려진 장성민 전 새천년민주당 의원이 생일을 기념해 선물했던 것으로 알려졌다. 장 의원은 녹색 넥타이를 선물한 이유로 "청춘처럼 젊고 역동적인 이미지를 구축했으면 좋겠다는 생각"으로 골랐다고 말한 바 있다.

남성 정치인들에게 넥타이는 매우 특별한 물건이다. 앞으로도 여러 차례 언급하겠지만 넥타이는 패션 아이템, 그 이상의 것이다. 바이든과 김대중 대통령 사이에선 넥타이가 한미동맹의 상징이었다. 값비싼 넥타이를 곱게 포장해서 선물하는 식이 아니라 그 자리에서 즉흥적으로 서로 넥타이를 교환한 행위가 오히려 훨씬 더 의미 있게 다가온다. 넥타이에 묻어있던 얼룩마저도 두 사람에게는 특별한 기억이 됐을 것이다. 넥타이 하나로 두 사람의 개인적 관계가 돈독해졌고, 그러한 개인적 관계가 한미 관계의 발전으로 이어질 수 있었던 것이다.

버락 오바마 <u>흰 셔츠</u>

미국의 버락 오바마 대통령은 최초의 흑인 대통령으로 많은 주목을 받았다. 특히 2008년 미 대선 후보로 등장했을 때, 양복 재킷을 벗고 노타이차림에 걷어 올린 셔츠 소매, 짧은 머리로 '젊고 역동적인 대통령'의 이미지를 보여줬다. 또 종종 청바지 패션을 선보이며 로고·무늬 없는 티셔츠와 야구모자, 러닝화 등과 매치해 젊은 감각을 드러내기도 했다. 호감형 외모에 187cm의 큰 키와 건강한 몸매도 그의 패션이 주목받는 데 한몫했다.

오바마는 이러한 신체조건 때문에 소위 '옷발 잘 받는 사람'으로 통했는데, 알고 보면 양복의 스타일과 색상에는 거의 변화가 없었다. 대개 진회색이나 진청색의 양복을 입었고 넥타이로 조금씩 변화를 주는 정도였다. 실제로 그의 부인 미셸 오바마는 2017년 6월 미국 캘리포니아 새너제이에서 열린 애플 세계개발자회의(WWDC)에서 진행된 인터뷰에서 "내가 신은 신발, 팔찌, 목걸이는 언제나 사진에 찍히지만 정작 남편은 8년 동안 똑같은 턱시도를 입었고 신발도 같았다"라며 "그런데도 아무도 그 사실을 주목하지 않았다"라고 말했다.

즉 8년 동안 줄곧 '단벌 신사'였음에도 그의 패션은 칭찬을 많이 받은 편이다. 오바마의 패션은 주로 단순한 스타일이었는데, 특히 단추가 2개 달린 정장과 흰 셔츠는 그의 트레이드 마크나 다름없었다. 노타이차림을 할 때도 많았다. 이때는 소매를 걷어 올리고 셔츠 단

버락 오바마 대통령의 '시그니처 룩'인 흰 셔츠와 카키 바지(출처: 버락 오바마 페이스북)

추를 몇 개 풀어서 젊고 열정적인 이미지를 보여주곤 했다. 또 넥타이 자체가 권위의 상징이기도 한데, 그런 넥타이를 매지 않음으로써 권위를 버리고 변화를 추구하는 이미지를 연출하기도 했다.

그는 주로 파란색 계열의 양복을 즐겨 입었다. 파란색이 신뢰를 주는 색감으로 알려진 것과 무관하지 않을 것이다. 그가 선호하는 양복 브랜드는 미국 시카고에 본사를 둔 '하트 샤프너 막스'로, 2008년 대선 기간에 이 브랜드의 양복 5벌을 바꿔가며 입은 것으로 알려져 있다. 그해 민주당 전당대회를 앞두고 특별히 맞춤 제작한 양복은 가격이 1,500달러(약 170만 원) 정도였던 것으로 전해진다.

이 브랜드는 지난 100여 년 동안 수많은 대통령과 정치인들의 정장을 제작해왔다. 하지만 CEO는 단골손님인 정치인들을 언론에 일절 홍보하지 않는데, 오바마는 특히 그런 점을 마음에 들어 했다고 한다.

이 브랜드의 옷을 입는 것 자체가 정치적 메시지를 띠는 일이기도 하다. 이 브랜드의 노동자들은 미국 노동단체 중 가장 먼저 오바마를 지지한 '유나이트 히어(Unite Here)' 소속이다. 유나이트 히어는 조합원 규모가 46만 명에 이르는 전미 호텔·요식업·카지노 조합이다. 즉 오바마는 이 브랜드를 선택함으로써 친노조 성향임을 알리고 노동자 계층 유권자를 포섭하는 모습을 보여준 것이다. 또 정장이 아닌 캐주얼한 옷을 입을 때는 '나이키' 등 대중적인 스포츠 브랜드 제품을 착용하여 친서민적 이미지를 보여줬다.

그렇다고 오바마가 중저가 브랜드만 고집한 것은 아니다. TPO에 맞춰, 다소 가격대가 높긴 해도 자신에게 잘 어울리고 자신의 신체적 장점을 살리는 패션을 보여주기도 했다. 그런 측면에서 화제가 된 옷이 취임식 때 입은 양복이다. 2009년 1월 취임 행사 때 환호하는 대중들을 향해 손을 흔들던 오바마, 그가 입은 양복 재킷 안쪽에 적혀 있던 브랜드가 언론 카메라에 포착됐다. 이탈리아 남성복 브랜드 '까날리'였다. 까날리는 하트 샤프너 막스에 비해 훨씬 고가의 브랜드로, 양복 한 벌에 300~600만 원 선인 것으로 알려져 있다. 그

뒤로 이 브랜드의 정장은 '오바마 수트'로 불리며 국내에서도 유명해졌다.

이처럼 오바마는 국내 중저가 브랜드뿐 아니라 외국의 고가 브랜드도 두루 이용하는 모습이었다. 우리나라에서는 만약 대통령이 이 정도의 고가품을 입는다면 이를 곱게 보지 않는 사람들이 있을 것이다. 다만, 미국과 우리나라는 정치적 상황이나 국민 정서가 상당히 다르다. 우리나라는 이러한 문제에 좀 더 민감한 편이고, 미국은 복장 자체가 아주 부적절하지 않다면 별로 문제 삼지 않는 분위기다.

2009년 미국의 패션지 〈배너티 페어〉는 오바마 부부를 나란히, 옷 잘 입는 베스트 드레서로 선정했다. 당시 오바마는 이에 대해 "다들 알다시피, 저는 회색이나 파란색 셔츠만 입고 다닙니다. 가능한 한 결정을 줄이려고 노력하고 있습니다"라고 말했다. 결정해야 할 사안이 너무 많기에 먹는 것, 입는 것에 대한 결정을 굳이 더 추가하고 싶지 않다는 것이다.

입는 데 있어서 선택하는 시간을 줄이기 위해 단벌로 지내는 또 다른 인물들을 꼽는다면 회색 티셔츠만 입는 페이스북 창립자 마크 저커버그, 검은색 터틀넥에 청바지만 고집한 애플 창립자 스티브 잡스 등이 있다. 이들에겐 옷을 고르는 행위로 인해 시간을 쓰는 것조차 시간 낭비인 셈이다.

FASHION

2장
영부인의 패션

FASHION

어느 나라든 (남성) 지도자의 패션만큼이나, 또는 그 이상으로 주목받는 게 퍼스트레이디, 즉 영부인의 패션이다. 지도자가 여성일 때는 물론 퍼스트젠틀맨에 대한 관심이 높아진다.

영부인이 공식 석상에서 입는 옷은 단순히 옷의 기능만 수행하는 것이 아니며, 외부에 전달하고자 하는 메시지를 표현하는 매개가 된다.

영부인이 국내외에 처음 공식적으로 등장하는 행사는 보통 취임식이다. 전 세계적으로 영부인들이 취임식에서 즐겨 입는 옷은 대개 색상이 흰색이거나 연한 파스텔톤이다. 흰색이 '청렴' 또는 '시작'이라는 의미를 담고 있는 것으로 여겨지기 때문에 선택하는 것으로 보인다. 물론 이러한 경향이 공식처럼 언제나 통하는 것은 아니다.

이 장에서는 한국과 미국 영부인들의 패션정치를 집중 조명해본다. 2025년 미국의 트럼프 대통령이 다시 집권에 성공하면서 멜라니아 여사의 취임식 복장이 화제가 됐다. 패션정치를 추구하는 멜라니아가 지난번 1기 때와는 달라진 스타일을 선보였는데, 그에 함축된 의미는 무엇인지 짚어본다. 국내에선 논란이 되었던 김건희의 디올백과 고가의 장신구뿐만 아니라 그녀가 디올 브랜드 옷을 자주 입은 배경 등을 살펴본다. 영부인들이 패션을 통해 얼마나 큰 영향력을 발휘하고 있는지, 또는 발휘할 수 있는지 알 수 있다. 영부인들은 외국 순방이 잦은 만큼 다른 나라를 방문할 때 자국 브랜드 옷을 입어 홍보 효과를 노리곤 하는데, 영부인이 자국 브랜드가 아닌 타국 브랜드 제품을 착용할 때 어떤 상황이 벌어지는지도 알아본다.

김건희 디올

 잘 손질된 머리에 검은 정장, 흰 블라우스를 입고, 검은 스카프를 넥타이처럼 맨 차림으로 김건희는 국민 앞에 허리를 숙였다. 2021년 12월 윤석열이 대선 후보였던 시절, 자신의 허위 이력 의혹과 관련해 사과 입장문을 발표하는 자리였다.

 남편이 대통령이 되는 경우라도 아내의 역할에만 충실하겠습니다. 부디 노여움을 거두어 주십시오. (중략) 잘못된 저 김건희를 욕하시더라도 그동안 너무 어렵고 힘든 길 걸어온 남편에 대한 마음만큼은 거두지 말아주시길 간곡히 부탁드립니다.

 - 2021년 12월 26일 '대국민 사과문' 중

 김건희는 당시 울먹거리며 입장문을 읽었다. 남편이 정말 대통령이 되기를 바라는 마음에 사과가 절실했을지 모른다. 넥타이처럼 맨 스카프와 검정 재킷 등 다소 남성적인 느낌의 옷차림을 하고선 울먹이며, 아내로서 남편 내조만 하겠다고 이야기하는 건 뭔가 모순되어 보였다.

 이 장면은 꽤 상징적이었다. 김건희는 영부인이 된 후에도 다소 권위적인 느낌이 나는 정장을 자주 입고 등장했다. 풍성한 치마를 입어도 상의는 각진 형태의 재킷을 입는 식이었다. 바지 정장도 자주 입었다. 여성스러운 느낌의 블라우스보다 깃이 있는 재킷을 선호하는 모습이었다. 그간 내조에 중점을 두는 영부인들이 깃이 있는 재킷보다 깃이 없는 재킷을 많이 입고, 원피스 등 여성스러운 스타일을 선호하는 경향을 보였던 것과는 분명히 차별화되는 지점이다. 이 같은 패션은 대통령인 남편만큼 영부인인 자신도 권위가 있다는 것을 보여주려는 의도였다고 해석할 수 있다.

김건희는 다소 화려해 보이는 인상 때문인지 남편의 당선인 시절부터 많은 관심을 받았다. 특히 당선인 시절을 지나 임기 초반까지도 뜻밖에 수수한 옷차림을 보여주자 '보기보다 검소하네?'라고 생각한 사람들이 많았던 것 같다. 나 역시 그중 한 명이다. 윤석열이 당선인 신분이었을 때 김건희가 입었던 '자주색 후드티'와 '3만 원짜리 슬리퍼'는 한때 인터넷 쇼핑몰에서 불티나게 팔리기도 했다. 김건희가 남편의 출근길을 배웅하면서 입었던 수수한 옷들이 일반 국민들에게는 신선하게 다가왔을 것이다. '어? 대통령 부인의 패션 아이템이 나도 살 수 있는 것들이네?'라는 생각 때문인지, 3만 원짜리 슬리퍼는 실제로 온라인상에서 품절 현상을 빚기도 했다. 네이버 등 포털사이트에서 '김건희 슬리퍼'를 검색하면 '영부인 다용도 슬리퍼', '김건희 강아지 산책 슬리퍼' 등 다양한 슬리퍼들이 줄줄이 올라왔다.

또 해외 순방이나 공식행사 때도 에코백이나 중저가의 국내 브랜드 가방을 들고 있는 모습이 포착됐다. 이는 초반엔 꽤 서민적으로 비쳐 이미지 상승에 큰 보탬이 됐다. 하지만 김건희가 이런 서민적 아이템으로 긍정적 이미지가 부각되었던 건 윤석열 임기 초반, 소위 '허니문 기간'으로 불리던 시기가 끝이었다. 이런 수수한 패션이 단지 일시적인 '의도된 연출'이었다는 것을 깨닫게 해줬기 때문이다. 그 시작은 프랑스 명품 브랜드 '디올'과의 악연이다.

윤석열 정권이 위기에 몰리기 시작한 원인은 김건희의 디올백에 있다고 본다. 그가 최재영 목사가 선물한 300만 원대 디올백을 덥석 받는 장면이 카메라에 고스란히 담겨버렸고, 이는 모든 논란의 시작이 되었다. 대통령실과 당시 여당 국민의힘에선 '몰래카메라 함정'이라며 비난했지만, 어쨌든 김건희가 가방을 받았다는 건 사실이다. 해당 사건은 현행법상 청탁금지법에 따라, 공직자의 배우자는 공직자의 직무와 관련해 금품을 받는 행위를 금지하는 조항에 위배되어 국민적 논란이 됐다. 하지만 국민권익위원회가 김건희가 받은 가방을 신고할 의무가 없다고 결론 지어버리며, 사건은 종결됐다. 그럼에도 불구하고 '디올백 사건'은 김건희뿐 아니라 윤석열 정권에 대한 비호감도를 더 높이는 계기가 되었다.

사실 김건희가 디올백을 받은 사실이 드러나기 전까지만 해도 친서민적인 에코백을 애용하는 것으로 오해했다. 그는 2024년 6월 중앙아시아 3개국 순방길에 오르면서도 '바이 바이 플라스틱 백(Bye Bye Plastic Bags)'이라는 문구가 새겨진 에코백을 들고 있었다. 이날은 공교롭게도 국민권익위원회의 명품백 수수 청탁금지법 위반 사건의 조사 결과가 나온 날이기도 했다.

이날 김건희의 에코백에 대한 여론은 좋지 않았다. 더 이상 에코백이 주는 '친서민적 이미지'를 찾아볼 수 없었기 때문이다. 네티즌들은 대부분 김건희가 권익위 결정을 의식해 일부러 에코백을 들고 나온 것 아니냐며 의심했다. 댓글이 "에코백 들고 가면 모든 게 희석되는 줄 아냐?", "그런다고 디올백이 에코백으로 둔갑하는 것도 아니고" 식으로 부정적인 반응 일색이었다. 물론 에코백을 들어야만 '착한 사람'이 되는 것은 아니다. 하지만 일련의 사태에서 김건희가 보여준 모습들을 종합해볼 때 그동안의 친서민적 패션들에 과연 진정성이 있었는지 되묻게 된 것이다.

당시 순방에서 김건희가 리투아니아의 명품 편집매장에 들렀다는 현지 보도가 나오면서 그 진정성은 더욱 의심받게 되었다. 디올백 사건이 한창 문제가 되고 있던 시기였으나 김건희는 경호원을 대동하고 버젓이 명품매장에 들어갔고, 그 모습이 카메라에 찍혔다. 당시 대통령실은 '호객행위' 운운하면서도 명품매장에 들렀다는 사실은 인정했다. 다만 구매는 하지 않았다고 강조했다. 구매 여부가 중요한 것이 아니다. 대통령 순방 기간에 영부인이 현지 명품매장에 갔다는 사실 자체가 문제인 건데, 대통령실은 문제의 본질을 놓치고 있었다. 이 보도가 나오면서 그가 출발할 때 들고 있었던 에코백의 의미는 공중으로 사라져버렸다.

김건희가 명품 관련해 본격적으로 구설에 오른 것은 디올백 사건이 처음이지만 명품 브랜드 디올의 옷을 입고 등장한 적은 그전에도 종종 있었다. 다만 당시엔 소위 허니문 기간이었기 때문인지 언론들도 크게 문제 삼지 않는 분위기였다. 그럼에도 종종 값비싼 디올의 옷을 입고 나오는 그의 모습을 보며 '영부인이 저런 걸 입어도 되나?' 하는 의문이 들곤 했다. 디올 브랜드는 여성성을 강조하는 화려한 스타일로 유명하다. 처음 이 브랜드가 만들어질 때 일반 여성보다는 귀부인을 위한 디자인 위주라는 평이 있었고, 실제로 유럽 귀족 등 상류층 여성들이 주 고객이기도 했다. 브랜드의 이미지와 오래된 역사만큼이나 이 브랜드의 물건 가격은 일반 서민들이 범접하기 어려운 수준이다.

　김건희의 '디올 사랑'을 알 수 있는 정황은 일찍부터 있었다. 2022년 5월 22일 김건희는 윤석열과 함께 〈KBS〉 열린음악회에 참석했다. 당시 김건희는 노란 체크무늬의 더블 단추 재킷을 입었는데, 겉으로 브랜드 로고가 드러나지 않아서 어느 브랜드 옷인지 한눈에 확인되지는 않았다. 다만 옷에 관심이 높은 사람이라면 디올 제품이라는 것을 알아볼 수 있었을 것이다. 노란 체크무늬는 디올의 2022년 F/W 레디-투-웨어(Ready to wear, 기성복)에 등장했다. 당시 김건희가 입은 재킷은 500만 원대로 추정되는데, 디자인은 좀 다르지만 같은 체크무늬 옷을 입은 연예인(영화배우 수지, 가수 블랙핑크의 지수 등)이 여럿 있었다.

　이 일이 있고 나서 재킷을 두고 갑론을박이 벌어졌다. 특히 온라인에서는 '디올 협찬설'로 시끄러웠다. 디올 공식 홈페이지에서는 판매하지 않는 재킷이라며 의상을 협찬받은 게 아니냐는 주장이었다. 여기에 맛 칼럼니스트 황교익 씨가 페이스북에 김건희는 "디올 단골이어서 미발매 의상을 구매했을 수 있다"라며 비공식 경로를 통해 옷을 구매했을 거란 글을 올리면서 논란은 더 커졌다. 특히 방송인 김어준 씨는 해당 제품은 국내뿐만 아니라 유럽에서도 살 수 없는 제품이라고 주장했다. 나중에 밝혀진 바로는 그 재킷은 정식으로 수입되어 국내에서 판매되고 있었고, 김건희도 서울의 한 디올 매장에서 구매한 것으로 전해졌다.

김건희는 그로부터 며칠 후인 2022년 5월 27일, 6월 1일에 치러진 제8회 전국동시지방선거의 사전투표를 위해 투표소에 올 때도 디올 제품을 착용했다. 당시 김건희는 흰색 블라우스에 검은색 긴 치마를 입고 펜화 풍의 그림이 인쇄된 파란색 계열의 가방을 들고 나타났다. 차림새는 단정했으나 블라우스에 새겨진 꿀벌 모양의 자수가 카메라에 포착되었다. 꿀벌 자수가 디올의 상징으로 알려져 있어 디올 제품으로 추정된 이 블라우스는 판매가가 170만 원대에 이른다. 김건희가 들고 있던 가방도 디올 제품으로 보인다는 목소리가 있었으나 국내 브랜드 '빌리언템'의 제품으로 밝혀졌다. 가격이 20만 원대로, 디올에 비해 훨씬 저렴한 이 가방은 이후 판매 사이트에서 일시 품절 현상을 빚었다. 마침 디올에서도 비슷한 펜화 풍의 가방이 판매되고 있어서 수입 명품가방처럼 보이는 효과가 나기도 했다.

사전투표 바로 다음 날인 5월 28일에도 김건희는 디올 제품을 착용하고 등장했다. 이날 반려견을 데리고 용산 청사를 방문했을 때 신고 있던 운동화가 디올의 '워크앤디올' 스니커즈다. 이 운동화 역시 140만 원대인 것으로 알려졌다.

예쁘고 좋은 물건을 마다할 사람은 없을 것이다. 그런 물건을 좋아하는 건 대다수 인간의 본능적 욕망 아닐까. 따라서 김건희가 명품 브랜드 제품을 좋아한다고 해서 무조건 비판할 생각은 없다. 하지만 개인 김건희가 아니고 영부인 김건희로서는 분명 문제 있는 처신이다. 영부인은 연예인이 아니다. 남편이 국민을 대표하고 대리하는 사람인 만큼 그 배우자인 영부인의 차림새는 일반 국민의 눈높이에 맞아야 한다.

영화배우 수지가 디올의 재킷을 입고 나왔다고 해서 비난할 사람, 없다. 배우인 그녀에게 잘 어울리는 옷이 있으면 협찬받아 옷맵시를 마음껏 뽐내면 될 일이다. 하지만 영부인 김건희는 행여 디올로부터 협찬 제안을 받았다 하더라도 응해서는 안 된다. 협찬 없이 자기 돈으로 사 입은 것이라 해도 문제다. 일반 국민들은 사고 싶어도 못 사는 고가의 외국 브랜드 옷들을 버젓이 입고 공개석상에 나타나는 것 자체가 우리 사회에 위화감을 조성하는 행동이다. 물론 디올이 홍보가 필요한 우리나라의 대표 K-브랜드였다면 얘기가 달랐을 것이다. 영부인이 수백, 수천만 원을 호가하는 명품을 착용하고 나타나면 서민들은 '내 월급보다, 내 연봉보다 비싼 옷을 입네'라며 박탈감을 느끼게 된다. 국민들이 재벌 아닌 정치 지도자를 보면서 그런 생각이

들게 만드는 건 옳지 않은 일이다. 김건희는 윤석열 취임 직전 〈월간조선〉과 인터뷰에서 "꼭 명품을 입어야 할 일이 있다면 사비로 구입하겠다"라고 말한 바 있다. 영부인이 사비로 명품을 사는 게 법적으로 문제가 되는 일은 아니다. 다만 영부인의 위치에 있을 때는 명품 사용을 자제하는 게 맞다.

김건희가 해외 순방 때 착용한 고가의 목걸이도 논란이 되었다. 2022년 6월 NATO 정상회의 참석차 방문한 스페인 마드리드에서 교포 초청 만찬 간담회가 열렸다. 이 자리에 등장한 김건희의 차림새와 목걸이는 많은 사람의 이목을 끌었다. 검정 재킷과 풍성한 초록색 공단 치마의 화려한 차림으로 나타난 김건희의 목에는 '반클리프 아펠'의 목걸이가 걸려 있었다. 김건희가 착용한 것은 다이아몬드 71개가 쓰여 총 3캐럿이 넘고 가격이 6천만 원대인 것으로 알려졌다. 같은 디자인으로 크기가 더 큰 것은 1억 원이 넘는다.

이후 정치권에선 이러한 고가의 장신구에 대해 논란이 일었다. 야당이 재산 신고 내역에 누락되어 있다고 지적하자 대통령실은 "지인에게서 빌린 것"이라는 해명을 내놨다.

대다수 국민은 우리나라를 대표해 국제무대에 선 영부인이 이왕이면 아름답고 멋져 보이기를 원할 것이다. 의상과 장신구를 조화롭게 착용하여 우아하고 기품 있게 보이기를 바랄 것이다. 하지만 아무리 아름다운 보석이라 해도 너무 과하면 영부인이 사치스럽다는 이야기가 나올 수밖에 없다.

김건희는 반클리프 아펠의 팔찌도 취임식 때부터 공식행사에 자주 착용하고 나왔다. 이 제품은 가격이 200만 원대로 알려졌다. 반클리프 아펠은 값비싼 보석, 재산 가치가 있는 보석을 만드는 곳으로 유명하며, 당연히 전반적으로 가격대가 꽤 높다. 역시나 해외 유명인들이 주요 고객이며 특히 유럽 왕실과 인연이 깊다.

김건희는 고급 보석 브랜드 '까르띠에' 제품으로 추정되는 팔찌를 착용하기도 했다. 이 제품은 가격이 1,000만 원대에 이른다.

김건희가 애용한 또 다른 브랜드는 '티파니앤코'다. 윤석열의 NATO 정상회의 순방길에 비행기 안에서 업무 중인 남편을 김건희가 서서 내려다보는 사진이 언론에 대대적으로 실린 적 있다. 흰색 원피스에 흰 벨트를 맨 차림이었는데 다소 밋밋해 보일 수 있는 복장에 포인트가 된 것이 브로치였다. 티파니앤코의 제품으로, 가격이 2,600만 원대에 이르는 것으로 알려졌다. 특히 국내에는 재고가 없어 외국에 별도로 주문해야 구매가 가능한 것으로 전해지기도 했다.

이 사진을 기점으로 김건희의 패션이 미국 케네디 대통령의 부인 재클린 케네디의 패션과 비슷하다는 주장이 더 힘을 얻게 됐다. 백건우 작가는 당시 SNS에 사진 두 장을 비교하며 이를 지적하는 글을 올렸다. 실제로 윤석열-김건희 부부의 사진과 케네디 부부의 사진은 구도부터 매우 흡사했다. 부인이 뒷짐을 진 채 서서 일하고 있는 남편을 내려다보는 구도다. 게다가 부인의 옷차림도 매우 비슷하다. 김건희는 단추 많은 흰색 원피스에 흰색 벨트를 착용한 모습이고, 재클린 케네디는 흰색 투피스 차림이다. 이러한 사진 구도와 패션은 물론 전적으로 우연의 일치일 가능성도 있다.

다만 이 일 외에도 김건희의 옷차림에서 재클린의 흔적을 찾을 수 있는 장면은 여러 번 포착되었다. 단순히 비슷한 모양이나 색상의 옷을 택하는 것뿐만 아니라 스카프를 머리에 두르는 것, 외교 행사에서 장갑을 끼는 것 등이 대표적이다.

2022년 6월 NATO 순방길의
김건희와 브로치
(출처: Korea.net/한국문화홍보원(전한))

김건희와 재클린 케네디의 패션과 사진 구도 비교
(출처: 백건우 페이스북)

우선 스카프를 머리에 두르는 것은 우리나라 영부인들 차림에서 흔히 볼 수 있는 스타일이 아니다. 김건희는 윤석열의 대선 후보 시절 머리에 스카프를 두르고 마스크와 안경을 낀 차림으로 외출한 적이 있다. 그때 이미 재클린의 패션과 흡사하다는 지적이 나왔다.

외교 행사에서 장갑을 끼는 것도 역대 우리 영부인들에게서 잘 볼 수 없었던 스타일이다. 흰 장갑은 지난 시절 유럽에서 귀족과 상류층의 필수품이었다. 일차적으로는 손을 보호하는 기능을 하지만, 격식 있는 자리에선 반드시 장갑을 착용하는 게 관례였다. 영국 왕실에선 공식행사에서 흰 장갑을 착용하는 전통이 오늘날까지 이어지고 있다. 김건희가 장갑을 착용한 것도 아마 유럽 상류층의 전통에서 영감을 받은 것으로 보이지만, 재클린이 드레스에 장갑을 낀 모습을 자주 보여준 것도 영향을 미치지 않았나 싶다. 스카프와 장갑. 김건희의 패션이 재클린을 떠올리게 하는 이유 중 하나다.

물론 재클린의 패션 감각이 남달랐기에 '재클린 패션', '재키 스타일'이라는 말도 생겨났고, 그녀를 흠모한 많은 이들이 따라 한 것도 사실이다. 스카프와 장갑 외에도 소위 재키 스타일이라고 하면 여러 가지를 들 수 있다. 동그란 싸개 단추가 달린 재킷, 밝은 색상의 치마 정장, 트위드 수트, 부드러운 질감의 원피스, 납작한 모양의 필박스 모자, 진주목걸이 등을 떠올릴 수 있다. 실제로 많은 미국의 영부인들도 재키 스타일을 모방했다.

한국의 영부인이었던 김건희가 재키 스타일을 따라 한 것을 어떻

재클린 케네디의 스카프와 흰 장갑
(출처: dailyjfkpics 인스타그램)

게 봐야 할까. 물론 김건희 본인이나 참모진은 따라 한 게 아니라고 반박할지 모르겠다. 하지만 일국의 영부인이라면 외국의 특정인과 비슷한 느낌의 이미지를 추구하기보다는 좀 더 한국적이고 독창적인 패션을 연출했더라면 국익에 더 도움이 되지 않았을까.

　김건희와 관련된 여러 논란이 계속 이어지면서 국민들은 김건희가 공개석상에 모습을 드러내는 것조차 불편해하기 시작했다. 한동안 공개석상에 나오지 않다가 2024년 9월 10일 '세계 자살 예방의 날'을 기념한다며 마포대교에 나타났을 때는 안경을 쓰고 청바지에 흰색 셔츠를 입은 평범한 차림새였다. 청바지와 셔츠 등 캐주얼한 옷을 고른 것은 '우울증', '자살' 등이 당시 '현장점검' 키워드였기에 평소보다 편한 분위기가 연출되도록 의도한 것으로 보인다. 그러나 사진과 언론보도에 김건희가 경찰에게 이것저것 지시하는 듯한 내용이 담겼고, 심지어 당시 공개된 한 사진에서는 대통령실 관계자가 마포대교를 건너려는 한 시민을 제지하는 모습까지 드러나 논란이 됐다. "김건희는 대통령도 아닌데 왜 저런 행동을 하냐", "사진 연출하려고 시민을 막았냐" 등의 비난이 쏟아졌다. 자신을 바라보는 국민의 시선이 곱지 않은 상황에서, 적절하지 않은 행보였다.

김건희가 윤석열의 임기 초반 보여줬던 서민적이고 친근한 이미지는 이제 온데간데없다. 그는 윤석열과 공식 석상에 함께 나타날 때도 대통령에 못지않은 권위적인 인상을 풍겼고, 또 수천만 원에 달하는 고가의 장신구와 명품매장 방문 등으로 끊임없이 논란을 불러일으켰다.

그는 윤석열이 계엄-탄핵 국면에 들어가기 직전부터 이미 공개석상에서 모습을 감추다시피 했다. 그만큼 일반 대중들에게 비호감도가 높아졌기 때문이다. 실제 대화를 나눠본 당시 여권(국민의힘) 관계자들은 한동안 이구동성으로 "안 나와주는 게 우리를 도와주는 것"이라고 말했다.

윤석열의 임기 초에 국민들이 후드티를 입은 김건희를 긍정적으로 평가했던 건 단순히 저렴한 옷을 입었기 때문이 아니었다. 현시점에서 많은 국민들은 김건희의 후드티와 에코백이 단순히 '보여주기용'이었다고 평가하고 있다. 그간 많은 일들이 있었지만 한 문장으로 정리하자면, 에코백으로 잘 쌓아놓은 이미지가 디올백과 함께 추락한 것이다.

국가 정상의 부인은 이미지 하나로도 많은 것을 할 수 있다. 이미지 하나로 국격을 드높이는 외교를 할 수도 있고, 시장 경제를 살리는 역할을 할 수도 있다. 대중들에게 긍정적인 이미지가 형성될 수도 있지만, 그렇게 만들어진 이미지가 한순간에 추락할 수도 있다. 그리고 이미지가 추락할 때, 대중의 판단은 단순히 외적으로 나타나는 것만으로 이루어지지 않는다. 김건희도 느끼고 있겠지만 대중의 눈은 그만큼 날카롭고 예리하다.

김정숙 사리

2017년 문재인 대통령 취임 때부터 1년 반여 동안 청와대를 출입하는 기자로 김정숙 여사와 만난 적도 있고 김 여사 보좌진들과 자주 이야기를 나눈 적 있다. 당시 김 여사를 보좌하던 한 측근에 따르면 김 여사가 즐겨 입는 브랜드는 국내 브랜드 '쁘렝탕'이라고 했다. 또 김 여사가 홈쇼핑을 좋아한다며 홈쇼핑에서 똑같은 디자인으로 색상 다른 재킷을 여러 벌 사서 지인과 나눠 입기도 했다고 전했다. 실제로 김 여사는 홈쇼핑에서 산 옷을 공식 석상에 입고 나오기도 했다.

김 여사도 공개적으로 해외 명품 브랜드의 옷을 입고 나온 적이 있다. 2018년 10월 프랑스 국빈 방문 때 프랑스 브랜드인 '샤넬'의 재킷을 입은 것이다. 김 여사는 당시 프랑스 영부인 브리지트 마크롱 여사와 함께 파리 루브르박물관을 방문했다. 당시 김 여사는 검은색 바탕에 '한국', '서울', '코코', '샤넬', '마드모아젤' 등의 흰색 한글 무늬가 있는 재킷을 착용했다. 이 옷은 샤넬이 2015년 5월 한국에서 2015/16 크루즈 컬렉션을 열었을 때 선보인 재킷이다. 지금은 고인이 된 샤넬의 크리에이티브 디렉터 칼 라거펠트가 디자인했다. 그는 "한글이 세계에서 가장 아름다운 글자"라며 한글에 대한 사랑을 표했다. 김 여사는 당시 이 재킷을 입고 마크롱 여사에게 "이 옷을 봐달라. 한국과 프랑스가 함께할 수 있는 미래와 현재가 무엇인

샤넬의 한글 재킷(출처: 국립한글박물관)

지 생각했다"라고 말했다.

이 재킷은 김 여사가 구매한 게 아니고 샤넬로부터 대여해서 입고 반납한 것으로 확인되었다. 하지만 정치권에선 김 여사가 이 옷을 반납하지 않고 특수활동비를 써서 소장하고 있다며 공격했다. 심지어 문 대통령 퇴임 이후까지 끊임없이 의혹을 제기했다. 하지만 결과적으로 무혐의였다. 수사에 착수했던 검찰은 8개월 만에 이러한 결론에 도달한 것이다.

당시 김 여사가 샤넬의 한글 재킷을 입은 것을 단순히 고가의 해외 브랜드 옷을 입은 것으로 보기 어렵다. 오히려 구매한 것이 아니고 행사를 위해 대여한 것이며, 우리의 한글을 홍보할 수 있는 의상인 데다, 옷을 만든 브랜드가 상대국 브랜드인 만큼 상대국에 감사와 존중의 뜻을 표할 수 있는 지혜로운 패션외교였다고 볼 수 있다.

김 여사의 패션은 이밖에도 해외에서 각국 지도자 부인들과 친교 행사 자리에서 종종 화제가 되기도 했다. 2017년 6월 미국 방문 때 신은 버선코 모양의 구두는 성수동의 구두 명장 전태수 씨가 직접 제작한 것이다. 우리나라 전통적인 버선코의 선을 하이힐 형태에 적용한 신발로 외국인들의 눈길을 사로잡았다. 또한 주미대사관저 행사에는 국가무형문화재인 누비장 김해자 씨가 만든 화사한 분홍색 누비옷을 입고 참석해 이목을 집중시켰다. 특히 토머스 허버드 전 주한 미국대사의 부인 조앤 허버드 여사가 이 옷을 칭찬하자 즉석에서 옷을 벗어 선물해 더욱 화제가 되었다.

당시 정치권에선 김 여사가 옷과 신발 등을 구매할 때 '현금다발'을 들고 와 결제했다고 공격하는 등 논란이 불거졌고 청와대가 이에 대해 바로 해명하지 않은 건 아쉬운 지점이다(2022년 4월 박수현 청와대 국민소통수석은 언론 인터뷰에서 명인에 대한 예우 차원에서 일부 현금으로 지불할 수 있는 것이며, 현금이든 카드든 전액 사비로 지불되었다는 것이 중요하다고 말했다). 다만 당시 김 여사가 보여준 패션은 영부인

 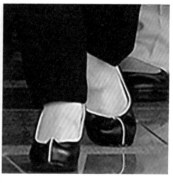

2017년 미국 방문 당시 김정숙 여사의
누비옷과 버선코 구두(출처: 청와대)

의 패션외교로 적합했다고 본다. 한국적 요소가 들어간 옷과 신발은 다른 국가 정상 부인들 또는 정치인들과 친교에 좋은 소재가 되기 때문이다.

김 여사의 패션이 이목을 끌다 보니 문 대통령의 퇴임이 임박했을 때는 정치권에서 김 여사의 옷값을 공개하라는 공세가 이어졌다. 이러한 사태의 발단이 된 것은 2018년 김정숙 여사가 옷값으로 세금 수억 원을 지출했다는 한 시민단체의 주장이었다.

문 대통령의 퇴임 후 정치권에서는 김 여사의 2018년 11월 '인도 타지마할 단독 외교'와 관련하여 공방이 이어졌고, 이때 입었던 인도의 전통 의상 사리(Sari)와 연관된 논란이 불거졌다.

2018년 7월 문 대통령과 김 여사가 함께 인도를 방문했을 때, 김 여사는 인도 영부인 사비타 코빈드(Savita Kovind) 여사로부터 사리를 선물 받았다. 김 여사는 당시 선물 받은 13세트의 사리 중에서 1세트를 블라우스로 다시 만들었다.

사리는 고대 인도인들이 '바느질하지 않은' 면직물을 온몸에 둘러 입은 것이 기원이다. 옷감을 잘라 내거나 바느질하는 것 자체를 불경스러운 행위로 보고 직사각형의 천을 그대로 몸에 둘둘 감아 입었다. 사리의 크기는 직물에 따라 달라지며, 비싼 직물로 만든 사리는 길고 넓고, 값싼 직물로 만든 사리는 더 짧고 좁다. 높은 계층 여성들은 사리를 바닥까지 닿도록 길게 입고, 그렇지 못한 여성들은 발목이 드러나게 입는다. 지역에 따라 매는 방법이나 길이도 조금씩 다르다. 이렇듯 사리 자체는 재단 없이 입는 것이 원칙이지만 세월이 흐르면서 사리의 형태에 점차 변형이 생겼고, 재단된 옷들도 나타났다.

2018년 11월 5일 청와대 공식 트위터에 김 여사의 인도 현지 사진이 올라왔다. 몇 달 전에 선물 받은 사리를 재단해서 만든 블라우스를 입은 모습이었다. "사비타 코빈드 인도 대통령 여사와의 오찬"이라며 "김정숙 여사가 입은 붉은색 블라우스는 코빈드 여사가 선물한 사리 중 하나로 만들었다"라는 설명과 함께 "한국과 인도의 번영을 위해 일부러 만들었는데, 귀하게 잘 입겠다"라며 옷을 만들게 된 배경까지 소상히 밝혀놨다.

이에 김 여사의 '사리 재단 블라우스' 자체가 '외교 결례'라는 지적과 '의상 외교'라는 의견이 팽팽히 맞섰고, 문 대통령은 '의상 외교'라고 반박했다. 일각의 지적대로 외교 결례로 볼 수도 있겠으나, 사리로 블라우스를 만들어 입고 싶었던 사심에 찬 행동으로 보기는 어렵다는 지적 역시 고개를 끄덕이게 한다.

이 문제는 결국 인도 측에서 이를 어떻게 받아들였는지가 가장 중요할 것이다. 인도가 공식적으로 이 일을 문제 삼은 적은 없다. 다만 외교 결례라는 지적이 나올 수 있는 점까지 사전에 고려하여 사리가 아닌 다른 것으로 상대국에 예를 표했더라면 더 좋지 않았을까 하는 아쉬움은 남는다.

멜라니아 트럼프 킬힐

트럼프 대통령이 4년 만에 다시 돌아오면서 모델 출신의 부인 멜라니아 트럼프 여사의 패션도 다시 주목받고 있다. 트럼프 2기 취임식에서 그녀는 짙은 남색의 더블 버튼 코트와 무릎을 살짝 덮는 치마를 입고 그녀의 트레이드 마크인 하이힐을 신었다. 특히 이번엔 눈을 가릴 정도로 챙이 넓은 모자를 쓰고 나왔다. 영부인들이 챙 없는 모자를 쓰는 경우는 종종 있지만 취임식에 이렇게 챙 넓은 모자를 쓰는 건 매우 이례적이다. 챙이 워낙 넓다 보니 트럼프가 멜라니아에게 키스하려다가 모자챙에 부딪히는 작은 사건(?)이 일어나기도 했다.

이날의 패션을 두고 미국 언론들은 여러 해석을 내놨다. "멜라니아가 미국식 패션 갑옷을 입고 워싱턴으로 돌아왔다", "마치 마피아 미망인이나 이름 없는 종교 집단의 고위 성직자 같은 인상을 풍겼고, 거기에는 약간의 '마이 페어 레이디(오드리 헵번 주연의 영화)' 같은 느낌도 있었다" 등 다양했다. 소셜미디어에서도 우아하다는 의견과 우울하다는 의견 등 다양한 반응이 있었다. 이날 선보인 패션은 미국 디자이너들의 제품으로 알려졌다.

트럼프 2기의 멜라니아는 1기 때와는 확연히 달라 보였다. 한마디로 '난 독립적인 여자야'라고 강조하고 싶어 하는 것으로 보인다. 이런 점은 백악관 공식 사진에서도 드러났다. 멜라니아는 검은색 턱시도 바지 정장에 흰색 셔츠를 입고 있다. 특히 컬러 사진이 아닌 흑백 사진이다. 게다가 배경에는 워싱턴DC의 상징인 워싱턴 기념탑이 보인다. 1기 때의 공식 사진과는 여러 면에서 다른 모습이다.

2017년 트럼프 정부가 처음 출범했을 때 공개된 공식 사진에서 멜라니아는, 의상은 그리 튀지 않는 검은색 재킷 차림이었으나 손에 어마어마하게 큰 다이아몬드 반지를 끼고 있어 화제가 됐다. 남편이 열 번째 결혼기념일을 맞아 선물한 반지라는데 무려 25캐럿에 30억 원이 넘는 것으로 알려졌다. 사진이 공개될 당시 트럼프가 하필 복지 예산을 삭감한 바람에 미국 내에서 반지 가격을 두고 비판 여론

멜라니아 트럼프 여사의 백악관 공식 사진 - 왼쪽: 2017년, 오른쪽: 2025년(출처: 백악관)

이 높아지기도 했다. 하지만 이번 2기 공식 사진에서는 장신구를 전혀 착용하지 않은 모습이다.

트럼프 2기 들어 멜라니아의 첫 단독 공식 일정 때의 패션도 1기 때와는 확실히 차별화된 모습이었다. 2025년 3월 멜라니아는 첫 행보로 온라인상의 성적 가해 대응 입법을 지원하는 좌담회에 참석해 "당장 리벤지 포르노를 내릴 것"을 강력히 촉구했다. 이날 입은 의상은 흰색 셔츠에 검은색 넥타이로 포인트를 준 짙은 베이지색 바지 정장이었다. 권위 있는 남성복을 연상시키는 듯한 패션이었다. 이는 '내가 주도권을 가지고 있다'를 의도적으로 나타내는 듯한 차림으로 '트럼프의 부인'이기 전에 '멜라니아'라는 강한 여성을 보여주려는 듯했다.

영부인의 위치에 있으면 착용하는 옷의 브랜드나 가격에 아무래도 신경이 쓰이기 마련인데 멜라니아는 그동안 고가의 유럽 패션 브랜드 제품을 착용하고 공개석상에 등장하는 일이 잦았다. 그만큼 구설에 오르는 경우도 많았다.

180cm나 되는 큰 키의 멜라니아는 '모델 아우라' 때문인지 영부인이 된 후 항상 패션으로 화제를 몰고 다녔다. 2017년 5월 이탈리아 시칠리아를 방문했을 때는 일부러 이탈리아 브랜드 옷을 입었다며 꽃으로 장식된 '돌체앤가바나' 코트를 걸치고 왔다. 그런데 가격이 51,000달러(한화 약 5,600만 원)라는 사실이 공개되면서 비판을 많이 받았다. 비싼 옷을 입는 게 죄는 아니지만, 영부인이 이런 비싼

옷을 입는 것 자체가 대중들의 정서와 맞지 않기 때문이다. 또 2017년 9월 백악관 텃밭에서 아이들과 농작물을 수확하는 행사에 참석했을 때는 입고 있던 붉은 바탕의 체크무늬 셔츠가 논란이 됐다. 보기엔 평범한 셔츠인데 이탈리아 명품 브랜드 '발망'의 제품으로 가격이 1,380달러(한화 약 150만 원) 정도 된다. 밭에 농작물 수확하러 가는 데 적합한 복장일까?

비단 가격만 문제가 된 것도 아니다. 입고 있는 옷이나 소품에 담긴 부적절한 메시지로 논란이 되기도 했다. 가장 대표적인 것은 그녀가 2018년 6월 이민자 아동 수용시설을 방문했을 때 입은 재킷이다. 비교적 가격대가 저렴한 스페인 브랜드 '자라'의 제품이었다. 야상 점퍼 스타일인데 뒷면에 "난 정말 신경 안 써. 넌?(I Really don't care. Do you?)"이라는 문구가 적혀 있었다. 당시 방문한 곳이 이민자 아동 수용시설이었던 만큼 이민자 아동 문제에 전혀 관심 없다는 식으로 해석돼 논란이 된 것이다. 또 자라 브랜드 자체가 아동 노동 착취 행위로 비판받은 바 있기에 이민자 아동들에 대한 배려가 없는 것 아니냐는 지적도 나왔다.

2018년 10월 가나, 말라위, 케냐, 이집트 등 아프리카 4개국을 순방했을 때의 일이다. 당시 케냐 나이로비국립공원을 방문했을 때 멜라니아는 동그란 챙이 달린 흰 모자를 썼다. 얼핏 보면 사파리 탐험용 모자 정도로 보이지만 피스 헬멧(Pith Helmet)이라고 불리는 이 모자는 '백인 식민주의'의 상징으로 여겨진다. 19세기 유럽 탐험가

2017년 11월 한복 느낌의 코트를 입고 방한한 멜라니아 트럼프 여사(출처: 청와대)

들이나 식민 지배 행정관들이 아프리카, 아시아, 중동 지역에서 쓰던 모자 스타일이기 때문이다. 따라서 아프리카에서 이런 모자를 쓰는 것이 과연 적절했느냐는 비판이 있었다.

물론 그녀의 옷이 매번 문제만 있었던 건 아니다. 2017년 11월 아시아 순방 때는 패션으로 '맞춤형 외교'를 선보였다는 평가를 듣기도 했다. 서울에 도착했을 때 자주색 코트와 파란색 하이힐 차림이었는데, 코트의 어깨 부분이 풍성하고 가슴 바로 아래부터 퍼지는 스타일이 한복과 비슷한 느낌을 풍겨 의도적인 선택이었을 것으로 보인다. 또 남편과 함께 중국을 방문해 시진핑 부부와 만났을 때는 꽃무늬가 있는 중국 전통 의상 치파오 풍의 롱드레스를 입었다. 분홍색의 털 장식과 하이힐을 매치해 세련미도 잊지 않았다.

멜라니아는 영부인으로서 TPO에 맞는 스타일을 보여주려고 노력은 했으나, 그 과정에서 다소 과장된 스타일 혹은 너무 비싼 제품으로 구설에 자주 오른 측면이 있다.

2024년 트럼프가 다시 대통령 선거에 출마했을 때 멜라니아는 공식 석상에서 주로 디올의 의상을 입고 등장했다. 공화당 전당대회에서는 공화당 상징색인 강렬한 빨간색 디올 치마 정장을 입고 나와 주목을 받았다. 선거 승리 연설 자리에서도 디올의 회색 치마 정장을 입고 무대에 올랐는데, 모두 더블 단추(더블 브레스티드) 스타일의 투피스였다. 멜라니아가 특별히 디올의 옷을 좋아해서인지는 모르겠으나 일각에선 미국 패션 디자이너들이 멜라니아에게 의상 제공을 거부했기 때문이라고 풀이하기도 한다. 2017년 트럼프가 처음 당선된 뒤 그의 정책에 반대하는 미국의 유명 디자이너들은 멜라니아에 대한 의상 제공을 공개적으로 거부했다. 멜라니아가 유럽 디자이너의 옷을 선호하기도 했지만, 자국 디자이너들이 의상 제공을 거부하면서 선택의 폭이 더 좁아진 것도 사실이다.

트럼프 2기에서 멜라니아의 패션이 달라졌다고 하지만 여전히 바뀌지 않는 게 하나 있다. 바로 '킬힐 사랑'이다. 킬힐이란 굉장히 굽이 높은 하이힐인데 신고 다니면 발에 살인적인 통증이 온다고 해서 이런 이름이 붙었다. 멜라니아는 사진을 찍을 때 항상 10cm 넘는 힐을 신는다. 2025년 취임식에서도 절제된 패션을 보여주면서도 킬힐은 포기하지 않았다. 키가 180cm나 되는데도 이렇게 높은 하이힐을 신다 보니 지난 트럼프 1기 때는 그녀의 킬힐 사랑이 구설에 오르기도 했다. 2017년 9월 29일 멜라니아는 백악관에서 헬기를 타고 허리케인 하비로 큰 피해를 본 텍사스 수해 지역으로 이동했다. 당시 헬기를 향하는 멜라니아의 모습은 '탑건' 스타일의 보머 재킷(항공 점퍼)과 보잉 선글라스(조종사 선글라스)로 나름 '현장성'을 강조한 옷차림이었다. 하지만 신발이 문제였다. 역시나 12cm 정도는 되어 보이는 검은색 킬힐을 신고 나온 것이다. 사진에 찍힌 멜라니아의 모습은 흡사 수해 현장을 촬영장으로 삼아 화보를 촬영하기 위한 옷차림 같았다. 12cm 굽의 구두를 신고 수해 현장에서 과연 어떤 역할을 할 수 있을까.

하이힐을 신을 수 있는 건 어찌 보면 여성들의 '특권'이다. 아무래도 굽 높은 구두를 신으면 자신감이 생겨날 수 있다. 멜라니아도 자기의 부족한 부분을 높은 구두를 통해 보완하고 싶은 마음일 수 있겠다는 생각이 든다. 이번 트럼프 2기 때도 멜라니아가 킬힐은 포기하지 않을 것이다. 하지만 트럼프 2기 시작과 함께 보여준 것처럼 좀 달라질 것 같은 느낌은 든다. 이제는 단지 고가의 명품 옷과 보석을 좋아하는 철없는 '트로피 부인(trophy wife)'이 되지는 않을 것이란 의지를 보여주고 있기 때문이다. 자기의 정체성을 보여주겠다는 그녀의 의지가 곳곳에서 드러나고 있어 사뭇 기대된다.

질 바이든 곱창밴드

특징 없는 게 특징.

2024년 4월, 질 바이든 여사의 패션에 대한 〈뉴욕타임스〉의 코멘트다. 영부인이라면 패션을 통해 외교에서 일정 역할을 하는 게 일반적이지만 질 바이든 여사는 의도적으로 '특징 없는 옷'을 즐겨 입었다.

2023년 4월 윤석열 부부가 미국 백악관을 방문했을 때의 일이다. 질 여사는 연보라색의 긴 실크 원피스를 입고 손님을 맞이했다. 이

2023년 4월 26일 백악관 국빈 만찬 당시 질 바이든 여사와 김건희(출처: 백악관)

드레스는 레바논 디자이너 림 아크라가 만든 것으로 단순하면서도 공식행사에 적합한 분위기의 디자인이다. 백악관은 이날 국빈 만찬에서 사용되는 식탁보, 의자, 메뉴 등에 대해선 상세히 설명했으나 그녀의 의상에 대해서는 따로 설명하지 않았다. 당시 〈뉴욕타임스〉는 "아무 의미를 부여하지 않은 질 여사의 패션은 매우 의도된 것으로 보인다"라며 "여사는 자신을 '트로피 부인'이 아니라 옆집에 사는 듯한, 일하는 대통령 부인으로 보이고 싶어 한다"라고 분석했다.

질 여사의 '무난한' 패션 때문에 이날 국빈 만찬에 함께한 김건희의 패션이 도마 위에 올랐다. 미국 유력 일간지 〈워싱턴포스트〉는 질 여사의 패션을 다룬 기사에서 그녀의 드레스에 대해 "견고하고 절제된 표현"이라고 언급하며 드레스 제작자를 쉽게 알아볼 수 없다고 꼬집었다. 또한 "질 여사의 믿음은 브랜드 이름이 화두가 되어선 안 된다는 것"이라고 덧붙였다. 이어서 "옅은 보라색이 그녀를 돋보이게 할 수 있지만 그녀는 손님들의 의상, 특히 '빨래건조대 (clotheshorse)'로 알려졌으며 폭넓은 시폰 스커트와 작은 하얀 장갑을 착용한 김 여사가 패션 감각을 드러내도록 하는 데 행복을 느낀다"라고 표현했다. 김건희를 비유한 '빨래건조대'라는 표현은 옷을 자랑하거나 최신 패션에 관심이 많은 사람을 칭하는 속어다. 질 여사의 수수한 패션을 이야기하는 과정에서 상대적으로 김건희의 패션이 도드라졌음을 강조한 것이다. 해당 기사가 나가자 독자가 댓글로 "무례하다"라며 기자를 공격하기도 했다.

질 여사는 다른 영부인들과 다른 방식으로 차별화를 시도한 것으로 보인다. 그녀는 남편의 대통령 취임 이후에도 대학에서 교수로 일하며 자신의 직업을 유지했다. 남편을 위해 존재하는 '트로피 부인'이 아닌, 정체성과 개성을 지닌 한 개인으로서 자신의 의지를 표현하고자 했다. 그녀는 패션에서도 실용성을 중시하는 느낌이었다. 2022년 도쿄 올림픽 참석차 일본을 방문해 나흘간 머물렀는데, 이때 옷 한 벌만 제외하고는 가지고 간 옷들을 '재활용'해서 입었다. 즉 다른 행사 때 입었던 옷을 다시 입은 것이다. 일반인들에겐 이러한 '재활용 패션(Fashion Recycling)'이 흔한 일이지만 한 나라의 영부인이 공식 석상에서 같은 옷을 여러 차례 입는 건 사실 드문 일이다.

그녀는 패션에 무관심한 듯 보이지만 의도치 않게 패션으로 화제를 몰고 온 적도 있다. 2021년 3월 밸런타인데이 때 마카롱 가게에서 남편에게 줄 선물을 고르는 사진이 트위터에 공개됐는데 이때 그녀는 한국에서 '곱창밴드'로 불리는 머리 끈으로 머리를 질끈 묶고 있었다. 철 지난 패션 아이템을 하고 등장한 영부인의 모습이 국민들에게 꽤 신선하게 다가왔던 모양이다. 당시 질 여사는 인기 토크쇼 '켈리 클락슨 쇼'에 출연해서 "딸 애슐리로부터 곧바로 '엄마, 소셜미디어에서 난리 났어'라는 전화를 받았다"라며 "그게 왜 화제가 되는지 당시에도 몰랐고 지금도 이해가 안 된다"라고 털어놨다. 그러면서 "얼떨떨하다"라고 소감을 밝히기도 했다.

2024년 미국 대선을 앞두고 화제가 됐던 패션도 있다. 바이든이

"VOTE" 글자 무늬 옷을 입은 질 바이든 여사(출처: 질 바이든 인스타그램)

고령으로 후보에서 물러나기 전까지 질 여사는 '바이든 교체론'을 일축하기 위해 특별한 의상을 입었다. "VOTE(투표하라!)"라는 글자로 도배된 원피스를 입고 유세장에 나타난 것이다. TV 토론에서 다시 바이든의 고령이 문제가 되자 논란을 불식시키기 위해 그간 잘 보여주지 않았던 '정치적 패션'을 보여준 셈이다.

그동안 그녀가 글자 새겨진 옷을 입고 등장한 것은 몇 번 안 되어 손에 꼽을 정도다.

2021년 6월 G7 정상회의 때 그녀가 입은 검은색 재킷 뒷면에는 "Love"라는 글자가 새겨져 있었다. 이 재킷은 2017년 질 여사가 직접 구매한 옷으로, 프랑스 유명 브랜드 '쟈딕앤볼테르' 제품이다. 당시 그녀는 이 재킷의 의미에 대해 '단합'을 뜻한다고 답했다.

미국이 각국에 사랑과 지지를 보낸다는 뜻이다. 이 세계적 회담에서도 단합을 위해 노력하고 있고, 특히 팬데믹 이후 세계 각국이 단합하는 느낌과 희망을 갖는 게 중요하다.

– 2021년 6월 질 바이든

질 여사는 패션에 지대한 관심을 보이는 언론에 간접적으로 불편함을 드러내기도 했다. 2021년 영부인의 대변인이 "앞으로는 패션에 대해 코멘트하지 않겠다"라고 밝힌 것이다. 언론은 통상 영부인의 옷에 대해 브랜드나 해당 옷을 선택한 배경 등을 묻곤 하는데 이러한 정보를 굳이 공개하지 않겠다는 뜻이었다.

뛰어난 패셔니스타는 아니지만, 그녀의 패션엔 미국 국민들을 미소 짓게 만드는 포인트가 있었다. 필요할 때는 의미를 부여해 옷차림을 연출하면서도 평소에는 영부인이기 이전에 아내로서, 엄마로서, 또 성실한 사회인으로서의 모습을 보여주었다. 미국 국민들은 '나와 크게 다를 바 없는 똑같은 사람'이라는 인상을 주는 그녀의 소박한 패션에 호응했다.

미셸 오바마 마이클 코어스와 갭

미국 영부인으로 패션에 대해 긍정적 평을 많이 받은 사람으로는 단연 미셸 오바마 여사를 꼽을 수 있다. 그녀는 미국 최초의 유색 인종 영부인이다.

기존 영부인들과 달리 그녀는 민소매 원피스를 자주 입었다. 팔을 다 드러내는 건 우아하지 못한 행동이라는 편견을 깨는 데 일조했을 뿐만 아니라 이 같은 패션을 통해 건강미를 부각시켰다. 또 벨트도 자주 착용했는데 이는 큰 키를 강조하면서 더 날씬해 보이는 효과를 줬다.

그녀의 패션이 처음부터 호평을 들은 건 아니다. 오바마 대통령의 후보 시절, 경선 초반에 그녀는 검은색 반소매 티셔츠를 입고 검은 머리띠를 한 차림으로 지지 연설을 했다. 이에 언론들은 "화난 흑인 여성" 같다며 혹평했다.

이 같은 지적 이후 미셸 여사는 이미지 변신에 나섰다. 강렬한 색상이나 화려한 무늬의 원피스를 입어 남편 오바마가 강조하는 '변화'와 '혁신'의 이미지와 부합하는 느낌을 줬다. 특히 옷을 고를 때 단순히 디자인이나 브랜드에 의존하지 않고 그 옷을 만든 디자이너에 의미를 부여하였다. 예컨대 2009년과 2013년 오바마의 초선 취임식과 재선 취임식 때 대만계 캐나다인 제이슨 우의 드레스를 선택했는데, 상대적으로 덜 알려졌지만 다양한 문화적 배경을 지닌 신진 디자이너의 옷이라 해서 화제가 되었다. 2011년 우리나라를 방문했을 때도 국빈 만찬 자리에서 한국계 미국인 두리 정이 디자인한 보라색 드레스를 입었다.

2024년 8월 시카고에서 열린 미국 민주당 전당대회에서도 옷차림이 많은 주목을 받았다. 그녀는 대선 후보로 출마하는 카멀라 해리스 부통령의 지지 연설을 하며 짙은 남색의 상의와 바지를 입었다. 민소매 상의는 'X'자 모양으로 가슴을 감는 디자인에 날카로운 옷깃과 은색의 금속성 벨트로 구성됐다. 바지는 발목이 드러나는 길이이다. 외신들은 이 옷에 대해 "전투복 같은 디자인"이라고 평했다. 전체적으로 각이 잡힌 스타일이다 보니 군복이 연상된다는 것이다. 치마를 입거나 평범한 정장을 입는 대신 팔근육을 드러낸 전투복 느낌의 옷을 입은 것을 두고 외신들은 하나같이 의도된 패션이라고 분석했다. 공격적인 분위기의 옷을 입음으로써 이번 대선이 치열한 전투가 될 것임을 시사했다는 풀이이다.

미국 럭셔리 브랜드 '몬세'의 맞춤 정장인 이 옷을 디자인한 사람은 마침 한국계 디자이너다. 몬세는 한국계 미국인 로라 킴과 도미니카 출신 페르난도 가르시아가 만든 브랜드다. 특히 로라 킴은 반아시아계 증오에 맞서기 위해 결성된 패션계 인사 그룹 슬레이시안스의 창립자 중 한 명이기도 하다. 즉 미셸이 브랜드 디자이너의 배경, 소규모 독립 브랜드 여부 등을 따져서 옷을 선택했다고 볼 수 있다. 〈뉴욕타임스〉는 이에 대해 "자신을 이용해 덜 알려진 패션 브랜드와 자신의 이야기, 즉 기업가정신과 멜팅팟, 아메리칸드림을 대표하는 디자이너를 부각시켰다"라고 설명했다.

미셸의 '조문 외교'가 패션 때문에 논란이 된 적도 있다. 2015년 1월 오바마 부부는 압둘라 국왕의 조문을 위해 사우디아라비아를 방문했다. 미국과 사우디가 돈독한 관계임을 대내외에 과시하기 위해 '조문 외교'를 펼친 것이다. 이 자리에서 그녀는 이슬람권 여성이 머리에 쓰는 히잡을 쓰지 않고 등장했다. 또 치마 아닌 바지를 입었다. 이 같은 패션에 갑론을박이 이어졌다. 사우디의 엄격한 율법상 이슬람교를 믿지 않는 외국인 여성이어도 머리카락은 가리는 게 원칙이기 때문이다. 이날 미셸을 포함해 조문단의 어느 여성도 히잡을 두르지 않았다. 당시 사우디의 트위터에는 미셸 여사의 패션이 무례하다는 내용의 트윗이 상당수 올라왔다. 하지만 일각에선 미셸 여사가 일부러 히잡을 쓰지 않은 것이고, 일부러 바지를 입은 것이라고 분석했다. 사우디의 여성 인권 침해 문제를 지적하려는 의도라는 것이다. 미셸은 당시 별다른 설명을 내놓진 않았지만, 패션을 통해 메시지를 내려 했던 것으로 보인다.

그녀의 패션이 논란을 불러왔던 사례는 또 있다. 주로 미국 디자이너의 옷, 그중에서도 앞서 나왔듯이 소규모 독립 브랜드의 옷을 즐겨 입고 미국의 '국민 브랜드'로 통하는 '제이크루' 같은 합리적인 가격대의 패션을 즐겨 착용했으나 2011년 국내 상황과 맞지 않는 브랜드 선택으로 비판받은 일이다. 2011년 1월 후진타오 중국 국가주

2011년 1월 '알렉산더 맥퀸' 드레스를 입은 미셸 오바마 여사(출처: 미셸 오바마 페이스북)

석이 미국을 방문했을 때 미셸 여사는 화려한 붉은 색의 실크 드레스를 입고 등장했다. 중국 지도자가 미국을 국빈 방문한 것이 14년 만의 일인 만큼 중국을 환대한다는 차원에서 붉은색 의상을 택했다. 하지만 그 드레스가 영국 출신 디자이너 알렉산더 맥퀸의 작품으로 알려지면서 미국 패션업계의 비판을 받아야 했다. 미국의 경제 회복을 위해 중국을 극진히 대접하고 있는 마당에 미국의 영부인이 미국 디자이너가 아닌 영국 디자이너의 옷을 입는 건 미국의 고용을 생각하지 않는 처사라는 지적이었다.

그만큼 영부인이라는 자리는 공식 석상에서 입는 옷 한 벌로 나라에 수천, 수만 개의 일자리를 창출할 수 있는 영향력이 있다는 뜻이기도 하다. 미셸 여사는 오바마의 임기 8년 동안 약 40여 명의 디자이너 옷을 입은 것으로 알려졌다. 그녀는 유색 인종 디자이너를 다양하게 기용해 미국 패션산업에도 큰 영향을 끼쳤다.

영부인일 때와 오바마의 임기가 끝나 일반인이 됐을 때의 미셸의 패션은 완전히 달랐다. 미셸은 2018년 12월 더 이상 영부인이 아닌, 자서전의 저자로 TV 토크쇼에 출연했다. 당시 진행자는 미국의 유명 TV 시리즈 〈섹스 앤 더 시티〉의 주인공이었던 사라 제시카 파커였다. 사라 제시카 파커도 미국의 대표적인 패셔니스타지만 이날만 놓고 보면 미셸의 옷이 훨씬 더 화려하고 파격적이었다. 미셸은 2019년 '발렌시아가' S/S 컬렉션에서 선보인 밝은 노란색 실크 드레스에 금빛으로 반짝이는 허벅지 높이의 '양말 부츠(신축성 있는 소재로 만들어져 양말이나 스타킹처럼 보인다고 해서 이런 이름이 붙여졌다)'를 신고 등장했다.

이날 미셸은 "이제 나는 무엇이든 자유롭게 할 수 있다"라고 말했다. 그러면서 "이 부츠는 너무 귀여웠다. 나는 이런 멋진 부츠를 좋아한다"라며 부츠를 신고 나온 특별한 이유나 메시지는 없다고 했다. 즉 이제 영부인이 아닌 자유인이기 때문에 입고 싶은 옷을 취향대로 입을 수 있다는 것을 강조한 것이다. 반대로 해석하면 그만큼 영부인일 때는 옷 한 벌, 장신구 하나도 마음대로 고르면 안 되고, 그것을 선택하는 '진짜 이유'가 꼭 있어야 한다는 뜻이 되기도 한다. 실제로

미셸은 자서전《비커밍(Becoming)》에서 특정한 방식으로 옷을 입어
야 한다는 강박관념과 모든 옷차림이 대중들의 평가를 받는 것의 부
담감에 대해 털어놓은 적이 있다.

흑인 여성으로서 내가 화려하고 고급스러운 사람으로 인식된다면 비난을
받을 것이라는 것을 알고 있었고, 너무 캐주얼해도 비난받을 거란 걸 알고
있었다. 그래서 나는 그것을 믹스했다. 마이클 코어스(MICHAEL KORS) 스커
트와 갭(GAP)의 티셔츠를 매치했다. 어떤 날은 타겟(Target)의 옷을 입고 그
다음에 다이앤 본 퍼스텐버그(Diane von Fürstenberg)를 입었다.

– 미셸 오바마 자서전 《비커밍(Becoming)》 중에서

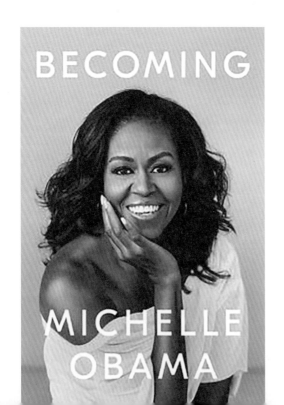

미셸 오바마 자서전 표지

FASHION

3장
국내 정치인의 패션

FASHION

2024년 2월, 약 8년 만에 다시 국회 출입 기자가 됐다. 기자 초년 병 때 출입했다가 당시 여당이던 국민의힘 반장으로 다시 출입해보니 과거엔 잘 보이지 않던 게 보이기 시작했다. 의원들이 무슨 말을 했는지에만 주목하게 되는 게 아니라 그들의 패션과 행동 하나하나까지 눈길이 갔다. 우선 그동안 관찰한 결과 우리나라 '여의도 패션의 룰'은 대략 이러하다.

남성 의원은 흰 와이셔츠에 양복을 입고 검은색 정장 구두나 검은색의 끈 없는 운동화를 신는다. 화룡정점이 되는 것은 넥타이인데 자신이 속한 정당을 나타내는 색이어야 한다. 넥타이 이야기는 뒤에도 또 나오지만, '여의도'에서 아주 중요한 정치적 메시지를 표현하는 데 사용된다. 넥타이는 서구문화권에서 힘과 권위, 복식에 갖추는 예절을 상징한다. 넥타이가 권위를 상징한다는 것을 잘 보여주는 유명한 퍼포먼스가 있다. 세계적인 비디오 아티스트인 백남준 씨는 1960년 〈피아노 포르테를 위한 연습곡〉 공연에서 선배 예술가인 존 케이지의 넥타이를 잘라 버리는 퍼포먼스를 연출했다. 이는 곧 기존의 질서와 권위를 무너뜨리는 것을 상징적으로 보여준 행위다. 그만큼 '기다란 천 조각' 하나에 남성의 '권위'와 '권력' 등이 함축되어 있다.

여성 의원의 경우는 보통 바지 정장에 흰색 운동화 패션이 주를 이룬다. 특히 머리와 화장이 '풀 세팅'된 경우가 흔하다. 머리가 세팅된 경우는 머리를 아무리 좌우로 흔들어도 절대 흔들리지 않을 정도로 스프레이를 뿌린 듯하다. 화장의 경우는 분명 전문가의 도움을 받은 듯한 방송용 '풀 메이크업'이다. 여성 의원들은 넥타이를 매지 않으니 자신을 표현하는 방법으로 재킷의 색상에 중점을 둔다. 흔히 자신이 속한 정당의 상징색으로 개성과 존재감을 나타내곤 한다.

여기서 남성이고 여성이고 공통으로 애용하는 아이템은 운동화다. 요새 젊은 세대들도 정장에 운동화 신는 것을 소위 '힙'하다고 표현하고 실제로 이런 차림을 멋스럽게 소화해내는 이들도 많다. 하지만 여의도의 '정장+운동화' 조합은 좀 다른 느낌으로 다가온다. 일차적으로는 국민들에게 '저, 운동화 신고 이렇게 열심히 뛰어다닙니다'라고 보여주기 위한 장치(tool)에 불과해 보인다. 물론 정말로 운동화 신고 이곳저곳 누비며 열심히 뛰는 국회의원도 있을 것이다. 하지만 그보다는 '운동화=열심히 일하는 의원'이라는 공식하에 이를 보여주려고 구두 대신 운동화를 택하는 국회의원이 많은 것 같다.

국회의원의 복장에 대해 명확히 규정된 것은 없다. 국회법 제25조에 "의원은 의원으로서 품위를 유지해야 한다"라고 딱 한 줄 나와 있는 게 전부다. 지난 제21대 국회(2020년 5월 30일~2024년 5월 29일)에서 복장 논란을 가져온 인물은 류호정 정의당 의원이 대표적이다. 당시 류 의원이 본회의장에 붉은색 랩원피스를 입고 등장하며 '적절치 않은 복장'이라는 논란이 일자 국회 입법조사처에서는 "국회 의정활동에서 본질적인 문제가 아닌 불필요한 논란을 차단하기 위해 의원 복장이 어떤 복장인지 명확히 하는 '최소한의 규정'을 마련하자"라며 논의를 제안하기도 했다.

이후에도 류 의원은 법안 홍보를 위해 파격적인 의상을 선보였다. 문신(tattoo) 입법 제정 촉구 기자회견 자리에는 타투 스티커를 붙인 등을 드러낸, 과감한 디자인의 보라색 원피스를 입고 등장했다. 이 옷으로 인해 해당 법안에 대한 관심도와 주목도가 올라갔음은 물론이다. 또 거리의 퀴어축제 때는 배꼽이 보이는 파란색 티셔츠와 짧은 청치마를 입는 등 국회의원에게 금기시됐던 발랄한 옷차림으로 참여했다. 국회의원(정치인)의 복장에 있어 그간의 관행을 깨부수고자 한 시도였다.

국회에서 의상 논란이 불거진 것이 제21대가 처음은 아니다. 훨씬 전으로 거슬러 올라가면, 1993년에 당시 황산성 환경처 장관이 바지 정장 차림으로 국회 상임위 업무보고에 나서면서 옷 때문에 구설에 올랐다. 당시만 해도 여성들이 바지 정장을 입는 것이 국회 관행상 허용되지 않았기 때문이다. 제15대 국회(1996년 5월 30일~2000년 5월 29일)에서 여성 의원들이 '여성 의원 바지 입기 운동'을 벌이는 등 꾸준한 변화가 있었고, 지금은 여성 의원들의 바지 정장 차림이 보편화됐다. 하나의 관행이 깨진 것이다.

의회는 어느 나라에서든 형식과 예를 갖춰야 하는 장소로 여겨진다. 따라서 그에 걸맞은 패션도 필요하다. 다만 그만큼 세간의 주목을 받는 곳이기에 정치인들은 패션을 활용해 메시지를 발신하면서 또한 오랜 기간 지속돼온 불합리한 관행이 있다면 이를 타파하려는 시도도 계속하고 있다. 지지자들에게 패셔니스타로 인정받는 한동훈 전 국민의힘 대표는 어떤 스타일을 통해 어떤 메시지를 전하고자 하는지, 또한 추미애 더불어민주당 의원의 재킷 색상에는 어떤 의미가 담겨 있는지 등 현시점에서 여야 주요 정치인들의 패션을 살펴보자.

한동훈 '용비어천가' 넥타이

한동훈 전 국민의힘 대표는 당대표 사퇴 후 약 4개월 만인 2025년 4월 10일 국회로 다시 돌아와 대선 출마를 선언했다. 검정 양복에 빨간 넥타이를 맨 단순한 패션이었다. 하지만 돋보이는 빨간 넥타이는 국민의힘 대선 후보라는 사실을 상징성 있게 보여주었다. 계엄 사태 이후 쫓겨나듯 국회를 떠났으나 큰 꿈을 품고 다시 돌아온 그는 절제된 모습으로 다른 후보들과 차별화하려는 것으로 보였다. 기자로 국회를 출입하는 동안 그와 사석에서 대화할 기회가 여러 차례 있었다. 내가 본 한 대표는 상황 판단이 빠르고 계획성 있는 사람 같았다. 그런 점이 옷에서도 일부 드러났는데 그중 하나가 넥타이였다.

2024년 12월 16일 그가 당대표 사퇴 기자회견을 하던 날, 당대표로서 마지막 연설을 위해 연단에 올랐다. 그의 '용비어천가' 넥타이가 가장 먼저 눈에 들어왔다. 이 넥타이는 정치권에선 유명해서 한눈에 알아볼 수 있다. 그가 법무부 장관으로 취임할 때 착용해 화제가 됐기 때문이다. 그는 중요한 순간마다 이 넥타이를 매고 나왔다. 법무부 장관으로 취임하던 날뿐만 아니라 여의도에 첫발을 내딛던 날에도, 국민의힘 비상대책위원장직을 수락하던 날에도 이 넥타이를 맸다. 심지어 당대표 취임 5개월 만에 쫓겨나듯 물러나면서도 이 넥타이를 고집했다. 단돈 9,000원이라는 이 넥타이가 도대체 어떤 의미이길래 중요한 순간마다 함께하는 것일까.

이 넥타이를 살펴보면 갈색 바탕에 '불·휘기·픈남·' 등의 글씨가 빼곡하게 쓰여 있다. 이는 훈민정음으로 쓰인 최초의 작품 〈용비어천가〉의 "뿌리 깊은 나무는 바람에 아니 흔들려 꽃이 좋아지고 열매가 많아지나니"의 일부다. 한편 〈용비어천가〉 125장에는 경천애민(敬天愛民)의 정신이 담겨 있는데, 일각에서는 공직자의 덕목인 경천애민의 메시지를 표현하는 수단으로 이 넥타이를 선택한 것 아니겠냐고 풀이하기도 한다.

한 대표는 그날 국회 앞에 모인 지지자들을 향해 "포기하지 않겠

2024년 12월 16일 당대표 사퇴 기자회견 후 국회를 떠나는 한동훈 대표(출처: 직접 촬영)

다"라는 말을 남기고 떠났다. 어떤 형태로든 돌아오겠다는 의미심장한 발언으로 들렸다. 그가 그날도 이 넥타이를 착용한 것은 '끝이 아닌 시작'을 도모한다는 뜻 아니었을까. 실제 그는 그렇게 4개월여 만에 국회로 돌아와 대선 출마를 선언했다.

한 대표를 처음 만났을 때 가장 먼저 눈에 들어온 건 검은색 뿔테 안경과 날렵한 양복 매무새였다. 평소 여의도에서 보아온 정치인들과 다른 스타일인 것은 분명했다. '서초동'에서 '여의도'로 옮겨간 한 대표는 장관 시절부터 패션으로 주목을 많이 받았다. 양복을 입을 때면 으레 넥타이, 안경, 머플러, 구두 등으로 포인트를 주곤 했다.

그의 패션이 처음 주목받기 시작한 건 2022년 1월 유시민 전 노무현재단 이사장의 명예훼손 혐의 재판에 증인으로 출석하면서부터다. 검은색 코트에 붉은 계열의 머플러를 매고, 트레이드 마크인 검은 뿔테안경을 쓰고, 서류 가방을 한 손에 쥐고 포토라인에 등장했다. 흔히 보던 법조인 스타일이 아닌 '댄디남(깔끔하고 세련된 남자)'에 가까운 모습에 대중들은 그의 패션 아이템들을 주목했다. 곧 온라인상에서는 각 아이템의 브랜드와 가격이 재빨리 공유됐다.

그는 정치에 입문한 후 곧 지지자들에게 패셔니스타로 불리기 시작했고, 정장 외에 평상복 패션도 적절히 선보이며 기존 정치인들과의 차별성을 보여주려 했다. 2024년 1월 10~11일 국민의힘 비상대책위원장으로 부산을 방문했을 때는 코트 안에 '1992'라고 적힌 맨투맨 티셔츠를 입었다. "내가 92학번이라 구입해 놨던 옷"이라며 "당에서 준비한 소품이 아니라 예전에 사서 가지고 있던 옷을 입고 간 것"이라고 소개했다.

당시 이 티셔츠에 쓰인 숫자 1992에 다양한 의미가 부여됐다. 일단 부산을 상징하는 야구팀 롯데자이언츠의 마지막 우승 연도가 1992년이다. 야구를 좋아하는 부산 민심을 노린 거란 해석이 나온 이유다. 하지만 이를 곱게 보지 않는 시선도 있었다. 이준석 개혁신당 의원은 "롯데자이언츠가 1992년 이후 우승을 못 했다는 것이 어떤 분들한테는 조롱의 의미"라며 "부산 출신 분들 중에는 너무 롯데 팬이기 때문에 오히려 가슴을 치는 분도 있다"라고 말했다.

국내에선 정치인들이 공식적 자리에서 티셔츠를 입는 경우가 흔치 않지만, 미국에서는 드물지 않다. 미국에서 티셔츠는 곧잘 정치적 홍보의 도구로 사용되곤 한다. 1940년대 미국 공화당 대선 후보 토머스 E. 듀이는 선거 유세 때 처음으로 티셔츠에 문구(Do it with Dewey)를 새겨서 활용한 인물이다. 지금은 미국에서 선거 때 자신이 지지하는 후보의 티셔츠를 사 입는 것은 당연한 일로 여겨진다. 이제 정치인들 관련 굿즈(goods, 상품)는 선거의 필수품이 되었다. 반면에 우리나라에선 지지자들 사이에서 특정 후보를 홍보하는 티셔츠를 사고파는 경우는 아직 드물고, 지지 정당의 상징색이 들어간 옷이나 장신구를 착용하는 정도다. 정치인도 특정 문구나 메시지가 담긴 티셔츠를 입기보다는 색상으로 소속 정당을 표시하는 게 일반적이다.

2023년 말에 SNS에서 화제가 된 사진이 있다. 한 대표가 영화배우 이정재 씨와 함께 찍은 사진이다. 시민이 촬영했다는 사진 속에서 한 대표는 후드티에 점퍼, 운동화 차림이었다. 2024년 4.10 총선에서 패배한 뒤 한동안 공개 활동을 자제할 때도 시민이 서초구 양재도서관에서 찍었다는 그의 사진들이 SNS에 올라왔다. 골전도 이어폰을 낀 채 재킷과 면바지, 운동화 차림의 편한 스타일로 독서를 하는 모습이었다. 일각에서는 의도적·전략적인 노출이라고 의혹을 제기하기도 했으나 기존 정치인들과 다른 이미지라고 느낀 이들도 있을 것이다.

2024년 5월 11일 시민이 촬영한 한동훈 대표(출처: 디시인사이드)

언론 주목도가 높은 인물이다 보니 정치적 메시지의 유무를 떠나 그의 옷이나 장신구에 관심이 쏠리곤 한다. 그 때문인지 고가의 명품 브랜드보다는 일반 대중들도 구매할 수 있는 합리적 가격대의 국내 브랜드를 선호하는 듯하다.

기자들은 통상 정치인을 취재할 때 어떤 옷을 입고 나왔는지, 어떤 신발을 신었는지, 어떤 행동을 했는지 등을 하나하나 살펴보고 메모한다. 한 대표의 일정 취재 때 하루는 그의 신발이 화제가 됐다. 깔끔해 보이는 운동화였는데, 남성 동료가 그의 신발 사진을 내게 보여주며 놀란 듯 "굽이 5센티라네"라고 덧붙였다. 사실 여성들이 신는 하이힐에 비하면 그 정도 굽은 그리 높은 편은 아니다. 게다가 요즘은 남성들도 키높이 구두(깔창)를 많이 신는 세상이다. 그래도 남성용 운동화에 굽이 있다는 사실이 남성 동료에겐 생소하게 받아들여졌던 것 같다. 기자들이 그 운동화를 검색해보니 국내 쇼핑몰에서 판매되는 제품으로 10만 원대의 수제화였다.

뿔테안경, 머플러, 맨투맨 티셔츠, 후드티, 키높이 운동화. 이러한 한 대표의 패션이 화제가 된 것은 그의 패션 감각이 남달라서라기보다는 기존 정치인들의 패션과 다르기 때문일 것이다. 어떤 정치권 관계자는 "한동훈은 '이미지 정치'를 하고 있다"라고 평했다. 한 대표에게 열광하는 팬에는 유독 중년 여성이 많다. 한 대표 측 관계자도 "총선 국면부터 따라다니던 팬들이 있는데 어디든 나타난다"라며 "50대 정도의 여성들"이라고 말했다. 〈중앙일보〉 허진 기자는 2024

년 6월에 쓴 칼럼에서 "이번 국민의힘 전당대회(2024년 7월)는 장년층과 노년층의 인기 예능 프로그램 '미스터 트롯'의 단점도 고스란히 닮았다"라고 지적했다.

한 대표가 정치에 관심 많은 중장년층에서 특히 여성 팬이 많은 이유를 나름 분석해본다면 그의 패션이 유권자들이 그동안 봐온 '여의도 패션'과 다르기 때문 아닐까. 그동안 남성 정치인들의 여의도 패션은 중후해 보이는 2대8 가르마와 몸에 다소 큰 듯한 양복 차림이 일반적이었다. 실제로 한 정치권 인사는 "정치에 처음 입문할 때 어떤 사람이 내게 나이 있어 보이게 머리도 만지고 양복도 좀 크게 입으라고 하더라. 난 그렇게 해야 하면 정치하기 싫다고 했다"라고 말했다. 그만큼 정치를 얘기할 때 '여의도 문법'이라는 말이 있는 것처럼 패션에도 '여의도 패션'이라는 게 있는 것 같다.

한 대표는 세련되고 차별화된 패션으로 관심은 끌었으나 여의도는 그리 녹록한 곳이 아니었다. 소위 '아재 패션'이라 불리는 '정통 여의도 착장'을 한 기존 정치인들과 섞이기 어려웠으리라 짐작된다. 여의도 바람은 제법 매섭다.

당대표에서 물러난 뒤 그가 대선 출마를 위해 다시 국회로 돌아왔을 때는 용비어천가 넥타이가 아닌 빨간 넥타이 차림이었다. 한 대표에겐 그 어느 때보다 보수층의 지지가 필요한 시기인 만큼 패션을 전략적으로 활용한 것이다. 용비어천가 넥타이를 다시 보는 날에는 그가 또 어떤 상황에 놓여 있을지 궁금하다. 정치는 '생물'이니까.

우원식 연두색 넥타이

2024년 12월 3일 밤, 윤석열의 비상계엄 선포는 온 나라를 공포와 혼란에 빠뜨렸다. 빨리 비상계엄 해제 요구 결의안을 의결하려면 국회의원들을 속히 불러 모아야 했다. 우원식 국회의장은 기민하게 대응했다. 그는 계엄 선포 소식을 듣자마자 한남동 공관을 출발해 약 30분 만인 오후 11시쯤 국회에 도착했다. 하지만 경찰의 출입 통제로 국회에 들어갈 방법이 없었다. 마침내 '틈'을 찾아내, 1m 남짓 되는 국회 담장을 넘었다.

우 의장은 결연한 표정으로 기자회견을 했다. "비상계엄 선포에 헌법적 절차에 따라 대응조치 하겠다"라고 말하고 이어서 국회의원 전원을 국회 본회의장으로 긴급 소집했다. 의원들이 속속 본회의장으로 모여들었다. 분초를 다투는 긴급 상황에서 마침내 비상계엄 해제 요구 결의안 표결이 진행됐다. 이 과정에서 국민의힘 의원들은 혼란 속에 일부만 참여했다. 투표 결과, 재석 의원 190명 전원 찬성으로 결의안이 가결됐다. 계엄 선포 후 155분이 지난 시점이었다. 이는 오래도록 회자될 역사적 순간이었다. 당시 우 의장은 연두색 넥타이를 매고 있었는데, 나중에 알고 보니 그가 이날 매고 있던 넥타이에는 특별한 의미가 담겨 있었다. 사실 우 의장은 국회의장이 된 후 정치적 중립을 지킨다는 의미에서 초록색 계열의 넥타이를 자주 매곤 했다.

계엄이 해제된 뒤 우 의장은 페이스북에 그날 맸던 연두색 넥타이
의 의미를 설명하는 글을 올렸다.

오랜만에 김근태 형님의 유품인 연두색 넥타이를 맸습니다.
이 넥타이는 제가 큰 결정을 해야 할 때 꼭 매던 넥타이입니다.
넥타이를 맬 때마다 저는 속으로 '김근태 형님, 꼭 도와주세요!'
'최선을 다할 수 있도록 용기를 주세요!'라고 속으로 부탁과 다짐을 하곤 했
습니다.
오전 4시 30분 계엄 해제 의결 소식을 듣고 '형님 감사합니다'를 속으로 되
새기며 본회의장을 나왔습니다.

– 2024년 12월 4일 우원식 페이스북

이 넥타이는 우리나라 민주화운동의 상징인 고 김근태 의원의 유
품이었다. 김 의원은 1985년 서울대 민추위(민주화추진위원회) 사건
으로 구속됐다가 풀려나던 도중 남영동 대공분실로 끌려가 끔찍한
고문을 당했고 그 후유증으로 죽을 때까지 고통받았다. 영화에서나
볼 법한 비상계엄 선포와 내란 모의가 2024년 대한민국에서 벌어졌
으니 민주주의자 김 의원의 염원이 담긴 유품이 어느 때보다 절실했
을 것이다.

우 의장이 이 넥타이를 맨 적은 이전에도 있었다. 더불어민주당 원
내대표를 맡고 있던 2017년, 김명수 대법원장 후보자 임명동의안이

국회에서 가결될 때도 이 넥타이를 착용했다. 당시에도 기자들에게 "이 넥타이는 내가 존경하는 김근태 선배님 유품"이라며 "아주 중요한 결정을 할 때마다 늘 이 넥타이를 한다"라고 말했다. 또한 "그가 지니고 있던 민주주의에 대한 사랑을 구현하는 마음가짐의 표현"이라고 덧붙였다.

한 가지 더. 2024년 12월 계엄의 밤에 우 의장은 연두색 넥타이와 함께 가슴에 제주 4.3을 상징하는 동백꽃 배지도 달고 있었다. 동백꽃은 겨울에 피어 4월에 진다. 4.3의 희생자들은 붉은 동백꽃처럼 소리 없이 스러져갔다. 그날 우 의장이 공권력에 무고하게 희생된 이들을 기리는 동백꽃 배지를 착용한 것은 탁월한 선택이었다.

2024년 12월 4일 비상계엄 해제 요구 결의안 가결을 선포하는 우원식 의장(출처: 우원식 페이스북)

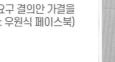

오랜만에 김근태 형님의 유품인 연두색 넥타이를 맸습니다.
이 넥타이는 제가 큰 결정을 해야 할 때 꼭 매던 넥타이 입니다.

넥타이를 맬때마다 저는 속으로 '김근태 형님 꼭 도와주세요!' '최선을 다 할 수 있도록 용기를 주세요!'라고 속으로 부탁과 다짐을 하곤 했습니다.

오전 4시 30분 계엄해제 의결 소식을 듣고 '형님 감사합니다!'를 속으로 되새기며 본회의장을 나왔습니다.

님 외 2,018명   댓글 275개 공유 75회

👍 좋아요   💬 댓글 달기   🟢 보내기   ↗ 공유하기

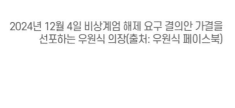

안철수 진료복

정치인 안철수에게는 의사, 기업가, 교수 등 많은 타이틀이 붙어 있다. 그는 2010년 정치권에 등장했을 때 누구보다 주목받았고, 정치 판도를 바꾸는 데 역할을 하기도 했다. 어느덧 중견 정치인이 됐지만, 안철수 국민의힘 의원에게는 여전히 '의원님'이라는 호칭보다 '교수님', '박사님'이란 호칭이 더 잘 어울리는 느낌이다.

안 의원이 정치를 하면서 외적으로 가장 많은 변화를 보여준 것은 머리 스타일로, 중요한 시기마다 변화를 줬다. 정계에 입문했을 때는 2대8 가르마의 소위 '깻잎머리' 스타일이었는데, 2015년 신당(국민의당) 창당 때는 머리를 더 짧게 자르고 이마를 드러냈다. 당시 신당 창당 구상을 밝히는 자리에서 안 의원은 직접 머리 스타일에 대해 언급했다.

지금 제 머리는 다섯 살 때 이후 세 번째로 바뀐 겁니다. 중학교 들어갈 때 머리를 밀었던 게 첫 번째, 군대 들어갈 때가 두 번째였고요. 지난주에 세 번째로 바꿨죠. 그만큼 제 각오와 결기가 대단하다고 인정해주시면 좋겠습니다.

– 2015년 12월 28일 기자간담회 중

안 의원은 그 후에도 여러 차례 이미지 변신을 시도했고, 거기엔 항상 머리 스타일의 변화가 포함됐다. 지금은 앞머리를 넘겨 스프레이로 고정해 좀 더 날카로워진 이미지를 보여주고 있다. 의상도 변했다. 초기에 헐렁한 재킷과 노타이로 차분한 '교수님' 스타일을 보여줬다면 언젠가부터 몸에 맞는 정장과 넥타이로 본격 '정치인'의 스타일을 보여주고 있다. 또 손목에 착용한 전자시계로 일면 진취적인 분위기를 풍기기도 한다. 그가 목소리도 힘 있는 톤으로 변화를 꾀하자 한때 '안철수 성대모사'가 유행하기도 했다.

국회를 출입하면서 본 안 의원은 소신파의 모습이다. 과거에는 대선 후보 단일화나 신당 창당 등 중요 이슈에서 입장을 제대로 밝히지 않아 '간'을 보며 계산한다는 의미로 '간철수'라는 불명예스러운 별명이 붙기도 했다. 하지만 제22대 국회에 입성해서는 소속 정당인 국민의힘 당론과 다르게 주관대로 투표하는 모습을 보여줬다. 채상병 특검법과 내란 특검법, 윤석열 탄핵소추안 표결에서 당론을 따르지 않고 소신 투표했다.

소신파의 운명일까. 안 의원의 당내 입지는 크지 않다. 또 친하게 지내는 동료 의원도 많지 않아 보인다. 표결 때 같은 당 의원들이 모두 본회의장을 떠났는데도 혼자 앉아있는 모습이 종종 포착되곤 한다.

안 의원은 의료봉사가 '쇼'로 매도되며 비난받기도 했다. 코로나19가 한창이던 2020년 그는 의사 경력을 살려 대구에서 의료봉사에 참여했다. 당시 땀에 흠뻑 젖은 진료복 차림의 사진이 공개되며 화제가 됐다. 하지만 정치인의 행위에 대해 진정성을 의심하는 경향 때문인지 일각에서는 그의 의료봉사를 쇼로 치부했다. 이에 그는 논란에 개의치 않고 행동으로 보여주겠다는 취지의 글을 페이스북에 올렸다. 일각의 비판적 시선에도 불구하고 의료봉사 후 땀에 젖은 진료복 차림의 사진은 긍정적 효과를 가져온 것으로 보인다. 그 모습이 양복에 넥타이 차림보다 그에게 훨씬 잘 어울린다고 느낀 사람이 오로지 나뿐일까.

안 의원의 평상복 패션은 수수한 편이다. IT 업계 종사자들에 대한 고정관념일 수 있지만 스티브 잡스, 빌 게이츠, 마크 저커버그 등 IT 업계 거물들의 패션은 단순함으로 유명하다. 같은 옷을 반복해서 입고, 무채색을 선호하며, 활동성 있는 실용적 패션을 좋아한다는 공통점이 있다.

안 의원은 트레이드 마크라고 할 정도의 패션이 있는 것은 아니지만 평소 즐겨 입는다며 공개한 후드티가 있다. 남색 바탕에 독일 '막스플랑크 연구소' 로고가 찍혀있다. 안 의원은 이 후드티를 지역구 활동할 때나 마트 갈 때 등 편한 자리에서 자주 입는다며, 이 연구소에서 방문 학자로 있을 때 입었던 것이라고 밝혔다(후드티 로고에 대한 문의가 많이 들어오자 페이스북에 설명글을 올렸다). 그는 이 후드티와 함께 미국 중저가 브랜드 '갭'의 청바지도 즐겨 입는다. IT 업계 거물들처럼 패셔니스타와는 거리가 멀지만, 실용적이고 대중적인 스타일을 선호하는 모습이다.

안 의원은 재능이 많은 사람이지만, 정치인으로 보여준 모습에 실망한 이들이 적지 않다. 그는 좀 더 예리하고 냉철한 인상으로 바꿔보고자 패션과 스타일에서 여러 가지 변화를 시도해보기도 했다. 하지만 땀에 젖은 진료복을 입고 현장을 누비며 국민을 챙기는 모습을 보여줄 때 가장 빛나 보였던 것 같다.

안철수 의원이 즐겨 입는 후드티
(출처: 안철수 페이스북)

 안철수 ✔
1일 · 🌐

···

요즘 편한 자리에서 입고 다니는 후드 티입니다.
5년전 독일 막스플랑크 연구소의 방문 학자 시절에 입고 다녔던 겁니다.
앞의 그림이 막스플랑크 연구소 로고입니다.

나경원 녹색 정장

　5선 정치인인 나경원 국민의힘 의원이 편한 자리에서 평상복을 입은 모습을 본 적이 있다. 일터가 아닌 맥주 한잔하는 자리에서 마주한 나 의원은 화장기 없는 얼굴에 안경을 쓰고 캐주얼한 차림을 하고 있었다. '동안' 의원으로 알고는 있었지만, 실제 만나보니 나이에 비해 훨씬 젊어 보여 '자기 관리를 잘했구나' 하는 인상을 받게 됐다. 그녀는 평소 패셔니스타 정치인으로 알려져 있기도 하다. 실제 2009년에는 패션지 〈엘르〉와 화보를 촬영하기도 했다.

　단, 장식이나 색감이 화려한 스타일은 아니다. 요즘 언어로 '꾸꾸꾸(꾸미고 꾸미고 꾸민)'가 아닌 '꾸안꾸(꾸민 듯 안 꾸민 듯 꾸민)' 차림을 선호하는 듯하다. 평소 바지 정장을 즐겨 입는데, 색상의 변화로 매일 다른 인상을 주고 장신구는 최소화한다. 화장도 자연스러운 느낌으로 마무리하는 식이다. 이는 전형적인 '모범생 룩'으로 여겨진다. 다만 중요한 자리에서 그녀가 즐겨 입는 의상들은 따로 있다. 특히 녹색 정장이 그렇다.

　2025년 4월 11일, 나 의원은 대선 출마를 선언했다. 윤석열의 파면으로 치러지게 된 조기 대선에 국민의힘에서 십수 명의 후보들이 무더기로 출마 의사를 밝혔는데 나 의원도 그 대열에 합류한 것이다. 이날 나 의원은 빨간색이 아닌 녹색 바지정장을 입은 채 국회의사당 앞 계단에 대형 태극기를 깔아놓고 출마 선언식을 가졌다. 그녀는 5

선 의원임을 강조하며 "위험한 이재명 후보를 꺾고 대한민국을 구할 유일한 필승 후보"라는 당찬 포부를 밝혔다. 나 의원은 이처럼 중요한 순간마다 빨간색이 아닌 녹색 의상을 선택하는 경향이 있다.

2024년 6월 나 의원은 국민의힘 당대표직에 도전했을 때도 출마 선언하는 자리에 녹색 바지 정장과 흰색 셔츠를 입고 등장해 "보수 재집권의 꿈을 현실로 만들어 내겠다"라며 포부를 밝혔다. 또한 2023년 1월 국민의힘 당대표 선거 불출마 기자회견을 할 때도 녹색 바지 정장을 택했다. 그때의 녹색은 2024년 당대표 출마 선언 때의 녹색보다 훨씬 진한 색이었다. 사실 이 정장은 그전에도 몇 번 등장했다. 2019년 3월 12일 자유한국당(국민의힘 전신) 원내대표로 첫 교섭단체 대표연설을 하던 날, 2022년 10월 14일 저출산·고령사회위원회 부위원장 위촉장을 받던 날에도 입었다.

2020년 4월 8일 제21대 총선 동작구을 후보자토론회에 참석한 나경원 의원(출처: 유튜브)

정치인에게 녹색 옷은 보통 전투복을 상징한다. 군복이 대개 녹색 계열이라는 점에서 그러한 인식이 생겼다. 국내 정치인 중 녹색 의상을 입은 인물로 박근혜도 빼놓을 수 없다. 그녀는 2013년 2월 취임식 때 소위 '국방색'으로 불리는 올리브색 코트를 입었다. 차이나 칼라로 불리는, 세워진 깃과 금색 단추 5개가 달린 코트로 강인한 느낌을 풍겼다. 취임식인 만큼 전투적으로 임무에 임하겠다는 결의가 느껴지는 패션이었다.

나 의원은 평소 부드러운 파스텔 계열의 재킷도 자주 입는다. 하지만 과거 자유한국당 원내대표 시절 패스트트랙 정국 때는 여야 대치 상황에서 회색 정장을 입고 '빠루(쇠 지렛대)'를 잡고 등장하기도 했다. 처음 국회 입성했을 때와 비교해 그녀의 옷 색깔이 더 짙어진 것을 알 수 있다. 자리가 중책일수록 검정, 진회색, 자주색 등 진한 색감의 옷차림을 보여주고 있다.

물론 지역구에서는 또 달라진다. 그녀는 2015년 〈한겨레신문〉과 인터뷰에서 "지역구에선 주민들과 직접 소통하는 거니까 친근하게 보여야 하고, 많이 걸어야 하니 나도 편안해야 한다. 캐주얼 재킷과 바지에 4cm정도 굽높이의 단화 스타일 구두를 주로 활용한다"라고 했다.

머리 스타일은 줄곧 C컬 단발을 유지해오다 2021년 서울시장 보궐선거에 출마했을 때는 단발머리를 묶고 등장했다. 이미지가 확 달라 보였는데, 당시 방송 인터뷰에서 질끈 동여맨 머리 스타일로 바꾼 것이 독한 다짐을 뜻하냐는 질문에 다음과 같이 대답했다.

네, 아무래도 서울시장은 조금 더 생활의 문제도 많이 봐야 할 것 같아서요.
정부에 대해 합리적인 비판을 하고, 문제 해결을 독하게 하겠다는 뜻입니
다.

- 2021년 2월 1일 〈YTN〉라디오 '황보선의 출발 새아침' 중

여성이 머리를 하나로 묶으면 좀 더 활동적인 이미지를 풍기는 효
과를 준다. 남성이 셔츠 소매를 접어 올렸을 때의 느낌과 비슷하다
고 볼 수 있을 것 같다.

한편 나 의원 역시 빨간색 패션을 의도적으로 보여주기도 한다. 대
표적인 것이 2025년 윤석열 탄핵 심판 과정에서였다. 누구보다 적
극적으로 탄핵 반대를 외쳤던 나 의원은 이때 당 소속감과 단결을
강조하기 위해 국민의힘 상징색인 빨간색이 들어간 패션 아이템을
자주 착용했다. 빨간색은 사실 옷으로 소화하기 어려운 색이라 다
른 의원들도 빨간 넥타이나 머플러로 포인트를 주곤 한다. 탄핵 심
판 과정에서 나 의원도 처음에는 빨간 스카프를 두르더니 변론이 끝
날 무렵부터는 빨간 재킷을 입었고, 탄핵 반대 집회에서도 빨간 재
킷 차림으로 무대에 올라 지지층 결집을 도모했다. 나 의원은 이처
럼 강렬한 패션과 강경한 태도로 시종일관 윤석열 탄핵 반대를 주장
했다.

추미애 ─ 핑크 정장

　2024년 총선에서 6선 의원 고지에 오른 추미애 더불어민주당 의원은 '추다르크'라는 별명을 가지고 있다. 그동안 민주당 대표를 거쳐 법무부 장관까지 역임하며 여성 정치인으로 다양한 패션을 선보였다.

　추 의원의 패션 스타일은 자리와 역할에 따라 조금씩 변해왔다. 그녀는 당대표 시절부터 다양한 색상의 재킷을 선보였는데, 특히 밝고 화사한 색을 좋아한다. 민주당의 상징색인 파란색은 물론이고 노란색이나 분홍색, 보라색 같은 선명한 색감의 옷을 즐겨 입는다. 특히 원색을 선호해서, 먼 거리에서도 그녀가 걸어오면 한눈에 알아볼 수 있을 정도다.

　다만 당의 공식행사 등에서는 역시 민주당 색깔인 파란색 계열로 입는다. 예컨대 과거 당대표 취임식 때는 부드러운 느낌의 하늘색 재킷과 흰 바지를 입었다. 또 흰색 정장에 파란색 스카프를 둘러 정당을 드러내기도 한다.

　추 의원의 패션이 온라인상에서 화제가 된 적이 있다. 한 누리꾼과 문자를 주고받은 사실이 온라인 커뮤니티에 공개되면서다. 문자 내용은 다음과 같다.

누리꾼 : 와~ 대표님 오늘 옷 너무 예뻐요. 사실 제가 지난 주말 이틀을 꼬

박 저런 체크무늬 한 벌을 사려고 백화점 네 군데를 돌고도 마음에

드는 게 없어서 포기했었거든요!!!!! 혹시 구매처를 알 수 있을지

요!!!?

추미애 : 홈쇼핑 ㅋㅋ

누리꾼 : 대표님! ㅋㅋㅋ 어디서 사셨는지 찾았는데요. 이거 원플러스원이

더라고요?? 핑크랑 네이비 중 어떤 걸로 고르셨을지요?ㅎㅎ

추미애 : 핑크 ㅎㅎ

홈쇼핑을 애용한다는 사실을 공개하여 일반 국민들에게 좀 더 친숙한 이미지를 심어주는 데 도움이 됐다.

추 의원이 국회에서는 원색 패션을 선보였지만, 2020년 법무부 장관 시절엔 좀 더 가라앉은 색감의 패션을 보여줬다. 남색, 회색, 갈색, 자주색 등 한결같이 차분하고 어두운 색상들이다. 여성 정치인은 다소 '튀게' 입어야 한다는 인식이 있지만, 법무부 장관 자리에 있을 때는 점잖은 색상의 옷을 입음으로써 직(職)의 무게감과 권위를 드러내려 한 것으로 보인다. 당시 검찰개혁이 초미의 관심사였던 만큼 해당 부처 장관으로서 검찰개혁에 대한 의지를 천명하는 것이 중요했다.

추 의원은 당시 갈색 정장을 자주 입었는데 이 정장을 입은 날에는 공교롭게도 검찰을 향한 강경 발언이 있곤 했다. 2020년 1월 9일 국회 법사위 전체회의에서 검찰 고위 간부 인사 절차를 두고 자유한

국당 의원의 질의성 비판에 답하면서 "(윤석열 당시 검찰총장이) 제 명을 거역한 것"이라고 반박한 것이나, 일주일 후 대한변호사협회 선정 우수 검사들과 오찬 간담회에서 "억지로 왔다면 나가도 좋다"라며 뼈 있는 농담을 던진 것이 그런 경우다. 작심하고 발언하거나 카리스마를 보여야 하는 자리에서는 의상도 그에 맞춰 택한 것이다. 추 의원은 이렇듯 정치인(국회의원)과 공직자(장관)는 패션에서도 달라야 한다는 점을 명확히 알고, 실제로 보여주었다.

2020년 1월 16일 우수
검사들과 오찬 간담회
당시 추미애 장관
(출처: 법무부)

오세훈 핑크 셔츠

오세훈 서울시장을 처음 사석에서 만났을 때의 일이다. 잘 다려진 흰 셔츠가 한눈에 봐도 깔끔한 인상을 풍겼다. 그런 오 시장이 한 유튜브 채널에 민소매 러닝셔츠 차림으로 출연해 화제가 된 적이 있다. 서울시장이 동네 어르신 차림 같은 모습으로 등장하자 시청자들의 반응은 엇갈렸다. 품위 없고 민망하다며 부정적으로 보는 이들도 있었고, 소탈하고 인간적이라며 긍정적으로 평가하는 이들도 있었다. 친서민적 이미지를 보여주기 위해 일부러 연출한 모습일지 모르지만, 국민들은 정치인으로부터 소박한 면모를 찾고 싶어 하기 마련이다.

오 시장의 평소 패션은 넥타이나 셔츠, 니트에 포인트를 주는 방식이다. 짙은 양복에 흰색 셔츠 차림을 즐겨 입는 오 시장이 소위 '밀고' 있는 색이 있는데, 바로 분홍색이다. 실제로 공식 석상에 분홍색 옷을 입고 자주 등장했다. 2024년 F/W 서울패션위크 때 회색 양복에 화사한 핑크색 목폴라 니트를 입었고, 서울국제정원박람회 토크콘서트와 넥스트로컬 발대식 등 다양한 행사에서도 분홍 계열 셔츠를 입고 등장했다.

오 시장이 분홍색에 '집착'한 이유가 있다. 2024년 공식 서울색으로 지정된 색이 스카이코랄(Sky Coral)이었기 때문이다. 스카이코랄은 분홍 계열의 색으로, 서울시가 이 색을 지정한 이유는 한강 노을

색과 비슷하기 때문이라고 한다. 아무래도 여성보다는 남성이 분홍 계열 옷을 입었을 때 더 주목받게 된다. 남성인 오 시장이 분홍 계열 옷을 입으면 관심을 끌기에 더 유리하고, 패션을 통해 자연스럽게 서울시정도 홍보할 수 있을 것이다.

오 시장은 지난 2006년 서울시장 선거 때 당시 강금실 후보와 '색 깔 대결'을 펼치기도 했다. 열린우리당 후보였던 강금실 전 법무부 장관은 보라색 스카프를 매고 나왔는데, 보라색이 "기존의 빨간색(진보)과 파란색(보수)의 대립을 풀어내는 것"이라며 서울 강남·북 격차의 경계를 허물겠다고 포부를 밝혔다. 당시 오세훈 한나라당(국민의힘 전신) 후보는 이에 맞서 녹색 넥타이를 착용하고 나왔고, 환경운동연합 등 시민단체 활동 경력을 강점으로 내세웠다. 당시 서울시장 출마를 선언하고 당내 경선에서 오세훈 후보와 맞붙었던 홍준표 의원은 "강금실 전 장관의 보랏빛 스카프와 오세훈 전 의원의 녹색 넥타이가 집중 조명을 받으면서부터 서울시장 선거는 '이미지 대 이미지' 전쟁으로 급변했다"라고 비

분홍빛 셔츠를 입은
오세훈 시장
(출처: 오세훈 페이스북)

판하기도 했다.

오 시장은 과거 내곡동 처가 땅의 '셀프 보상' 의혹이 제기됐을 때 이탈리아 명품 브랜드 '살바토레 페라가모' 구두를 신었다는 소문이 돌기도 했으나 오 시장이 국내 브랜드 신발이라고 해명한 바 있다.

갑자기 치러지게 된 2025년 조기 대선을 앞두고 강력한 후보를 내놓지 못하던 국민의힘에서는 오 시장을 그중 중도 확장성이 있는 유력 대선주자로 보고 있었다. 하지만 그는 예정됐던 대선 출마 선언을 하루 앞두고 갑자기 경선 참여를 포기했다. 이날 오 시장은 짙은 양복에 흰 셔츠, 자줏빛이 도는 넥타이 차림으로, 간결하고 차분한 모습이었다. 오 시장의 경선 불참의 배경에는 여러 요인이 작용했던 것으로 보인다. 당내에서 '한덕수 총리 차출론'이 나오고 '명태균 수사'가 전개되고 있는 상황에서 대선 출마로 얻을 수 있는 실익이 없다고 봤을 것이다. 그의 대선 불출마 선언에서는 결연한 의지마저 느껴졌는데, 붉은빛 넥타이로 당 소속만 드러낸 이날의 군더더기 없는 복장은 기자회견 분위기와 잘 어울렸다.

오 시장은 기본적으로 깔끔한 스타일이라는 이미지가 있다. 이런 이미지를 비교적 잘 활용하는 정치인인데 특히 색을 패션에 이용하는 모습에서 그의 정치적 야망이 느껴진다. 여러 상황 때문에 2025년 대선에서는 한 걸음 물러섰지만 그의 정치적 행보가 여기서 끝날 것 같지는 않다. 다음번엔 어떤 상황에서 어떤 색의 옷을 입고 있을지 궁금해진다.

이준석 <u>신발</u>

이준석 개혁신당 의원을 국회에서 마주칠 때면 항상 어딘가로 바쁘게 가고 있다. 이 이원은 시그니처 아이템인 백팩과 노타이 양복 차림에 빠른 걸음이 특징이다.

그는 정계 입문 후 대중교통 이용으로 유명했다. 2021년 6월 국민의힘 당대표로 국회에 처음 등원할 때 서울시 공유자전거 '따릉이'를 타고 출근해 화제가 됐다. 제22대 국회에서 개혁신당 소속으로 당선된 뒤에도 대중교통에서 그를 봤다는 목격담이 자주 나왔다. 심지어 지하철에서 잠든 사진이 찍히기도 했다. 이런 행보를 두고 처음엔 '보여주기'라며 비판하는 사람들도 꽤 있었다. 하지만 '보여주기'라고 하기엔 꽤 오랜 기간 같은 모습을 '보여주고' 있으니 이쯤 되면 '국민 뚜벅이'로 인정해도 될 듯하다. 한번은 그에게 왜 운전기사를 두지 않는지 물은 적이 있다. 그의 대답은 누구를 기사로 채용하든 기사의 거주지가 마음에 걸린다는 것이었다. 가까이 사는 사람이 아니면, 자신을 집까지 데려다주고 나서 또 이동해야 할 테니 불편하지 않겠냐는 의미였다.

뚜벅이 이 의원의 신발이 화제가 된 적이 있다. 국민의힘 신임 당대표 시절, 그의 신발이 이탈리아 명품 브랜드 살바토레 페라가모의 신발과 흡사해 "자전거는 따릉이 타면서 구두는 페라가모"라는 소문이 온라인상에 퍼졌다. 이에 그는 즉각 자신의 신발 사진과 함께 "유명해지면 겪는다는 페레가모 논란을 겪고 있습니다"라는 글을 SNS에 올렸다. 해당 신발은 국내 브랜드의 10~20만 원대 제품으로 밝혀졌다. 그가 "유명해지면 겪는다는"이라고 말한 건 오세훈 서울시장도 2005년 페라가모 신발 논란을 겪은 일을 언급한 것이다.

이 의원은 실제로는 구두보다 운동화를 선호한다. 이번 2025년 조기 대선에 개혁신당 후보로 출마해 유세 현장을 다닐 때도 주로 노타이의 흰 셔츠 차림에 검정 운동화를 신고 다녔다. 2024년 총선 때도 운동화를 신고 선거운동 다니는 모습이 포착돼 유권자들이 SNS에 "신발이 아니라 이준석 발이라는 소문이 있다"라는 글을 올리기도 했다. 2024년 총선 때 신은 신발은 '실리콘밸리 운동화'로 불리는 '올버즈' 제품으로, 가격은 10만 원대로 알려졌다.

사실 이 의원의 패션이라고 하면 특별한 것은 없다. 어쩌면 '연출된 수수함'일 수도 있겠으나 일단 패션이나 스타일에 큰 관심은 없어 보

이준석 의원의 신발
(출처: 이준석 페이스북)

이준석 ✔
6시간 ·

유명해지면 겪는다는 페레가모 논란을 겪고 있습니다.

인다.

단, 메시지를 옷에 '작정하고' 담고 나온 사례가 있다. 2021년 12월, 당대표로 윤석열 당시 대선 후보를 지원 유세할 때의 일이다. 당시 윤석열과 이 의원이 함께 맞춰 입은 빨간색 후드티는 강렬한 인상을 남겼다. 후드티에는 "사진 찍고 싶으면 말씀주세요" "셀카모드가 편합니다"라는 문구가 각각 앞뒤에 적혀있었다. 이 의원이 이 후드티를 입고 회의에 참석해 "전투복을 입고 왔다. 이걸 입고 유세에 나서겠다"라고 말하자 윤석열도 자기도 입겠다고 하여 같이 '후드티유세'에 나서게 되었다. 후드티에는 당의 상징색인 빨간색 그리고 시민들과 함께하겠다(함께 사진을 찍겠다)는 메시지가 다 들어있었다. 특히 노란색의 궁서체로 쓰인 문구는 혼잡한 군중 속에서 주목도를 높여주었다. 이 옷은 당시 유세에서 꽤 화제가 되었다.

이 의원의 국민의힘 당대표 시절, 오르막길만 있었던 것은 아니다. 2022년 7월, 당 윤리위에서 성상납 및 증거인멸 의혹으로 당원 자격정지 6개월이라는 중징계가 결정되면서 현직 여당 대표로서는 처음으로 징계 대상자가 되었다. 이 의원은 징계 결정 닷새 만에 광주 무등산에 올랐다. 페이스북에 공개한 사진에는 반팔 티셔츠와 반바지, 운동화 차림으로 땀에 흠뻑 젖어 산에 오른 모습이 담겨 있었다. 만약 등산복 차림이었더라면 이런저런 생각을 잊고 등산에만 집중하려는 것처럼 보일 수도 있었을 것이다. 오히려 땀에 젖은 일상복 차림이었던 것이, 의도했던 것이든 아니든, '고뇌하는 당대표' 이미지를 더 효과적으로 보여주지 않았나 싶다.

　이 의원은 윤석열 파면으로 치러지는 2025년 조기 대선에 "케네디, 오바마도 40대에 지도자가 됐다"라며 '젊음'을 앞세워 출마를 선언했다. 이날 이 의원은 노타이 양복차림이었다. 개혁신당 자체가 소수 정당으로서 힘을 받지 못하는 데다 허은아 전 당대표와 갈등 등으로 당의 상징색인 오렌지색 넥타이가 별 도움이 되지 않을 거라고 판단했을 것이다. 그럼에도 지역 주민들을 만나는 등 다른 자리에서는 자기 이름이 크게 적힌 오렌지색 후드티를 즐겨 입는다. 이미 얼굴은 널리 알려져 있지만 이름이 적힌 옷을 입고 다님으로써 유권자들에게 더 큰 각인 효과를 줄 수 있으리라고 기대한 것으로 보인다.

　이 의원은 젊은 나이임에도 이미 당대표부터 대선 주자까지 정치인으로서 다양한 경력을 쌓은 듯하다. 그렇기에 간혹 그에게서는 '젊고 신선한 정치인'보다는 '노회한 기성 정치인'의 분위기가 풍기기도 한다. 하지만 그런 부분을 영리한 방식과 화려한 언변술로 보완한다. 의도 여부와 관계없이 그가 편한 신발을 신고 '뚜벅이'로 다니는 모습은 어쨌든 '젊은 정치인'임을 강조하는 하나의 방식이다.

강경화 은발

강경화 전 외교부 장관이 장관이던 시기(2017년 6월~2021년 2월)에 외교부를 출입하면서 그녀와 몇 차례 자리할 기회가 있었다. 은빛 단발머리에 안경과 진주목걸이, 딱 떨어지는 단순한 재킷에 바지 정장이 그녀의 트레이드 마크였다. 공식 석상이라 해도 얼굴에 화장기가 거의 없었다. 이목구비가 뚜렷해 강한 인상을 주기도 하지만 그녀의 이런 패션이 더해져 은근한 카리스마가 느껴졌다.

강 장관의 이런 스타일에서 단연 돋보인 건 바로 은발이다. 정치인들 또는 사회지도급 인사들 대부분은 한 살이라도 더 젊어 보이려고 염색을 필수적으로 한다. 흰머리가 보이면 아무래도 나이 들었다는 인상을 주기 때문이다. 자연스러운 신체적 변화임에도 다들 숨기기에 급급한데, 강 장관은 이런 사회적 관행과 인식을 정면 돌파한 셈이다. 그녀는 2012년 한 언론과 인터뷰에서 염색을 하지 않는 이유를 직접 밝힌 적이 있다.

친정엄마도 놀란다. 당신이 민망해 죽을 노릇이니 제발 염색 좀 하라신다. (웃음) 2008년인가. 새해 결의 중 하나로 정한 게 염색 안 하기였다. 본모습을 뭔가로 가리고 싶지 않다는 생각이 들더라. 내가 일하고 있는 제네바는 워낙 다양한 인종에 머리 색깔이 천차만별이라 내 반백 머리에 아무도 개의치 않는다. (웃음)

강 장관은 〈KBS〉 영어방송 PD 겸 아나운서로 사회생활을 시작해 홍순영 외교부 장관 보좌관을 거쳐 김대중 대통령의 통역사로 활동했다. 이후 유엔에서 근무했고 '한국 최초 여성 외교부 장관'이라는 타이틀을 갖게 됐다.

국제무대 활동 경력도 다양하고 뛰어난 역량을 가진 인물이었으나 장관이 된 후 국무위원들 사이에서 '패싱' 논란이 일기도 했다. 정부와 청와대 간 주요 외교·안보 회의에 참석하지 못한 경우가 종종 있었다. 남성 장관들 사이에서 여성으로서 '유리천장'을 깨는 것이 쉽지 않았던 것으로 보인다. 실제로 우리 국민이 (월북을 시도하다) 해상에서 북한군에 의해 사살당한 사건이 발생했을 때, 강 장관은 외교·안보 핵심 인사들로 구성된 청와대 국가안보실 주재 회의에 참석하지 못했다. 사실상 '패싱' 당한 것이다.

여성 장관이다 보니 업무적인 면에서 제대로 인정받지 못한 측면이 있다고 본다. 2017년 9월 12일 열린 국회 외교·통일·안보 분야 대정부 질의에서 당시 국민의당 김중로 의원은 강 장관을 단상으로 불러내 은발에 대한 언급만 늘어놨다. 김 의원은 "하얀 머리가 멋있습니다. 여자분들이 백색 염색약이 다 떨어졌다고 합니다. 그렇게 인기가 좋습니다. 저도 좋아합니다"라며 "외교가 그렇게 잘 돼야죠. 많은 사람이 좋아하게"라고 말한 것이다. 그러자 더불어민주당 의원

해외 순방 중의 강경화 장관(출처: 청와대)

들이 "부적절하다" "여성 비하다"라며 항의했으나 김 의원은 정책적 질문은 하나도 하지 않고 장관을 자리로 돌려보냈다.

강 장관은 외교부 내부에서 평가가 나쁘지 않았다. 외교부 직원들은 강 장관이 "섬세하고 따뜻한 리더"라고 평가하기도 했다. 또한 무엇이든 있는 그대로 보여주는 스타일이라는 평이 많았다. 꾸미거나 덧붙이는 것을 좋아하지 않는다는 것이다. 이런 성격이 그녀의 패션에도 고스란히 드러난 것으로 보인다.

은발과 함께 강 장관을 상징하는 또 다른 패션은 백팩이었다. 그녀는 정장 차림에도 항상 책가방 형태의 백팩을 들곤 했다. 정장과 백팩의 조합이 젊은 층에선 이상한 패션이 아니지만, 강 장관의 연령대에는 정장에 서류 가방이나 핸드백이 더 어울린다고 생각하는 이들이 많다. 다행히 백팩을 고집한 강 장관의 스타일이 국민들 눈에 긍정적으로 비쳤다. 실제로 갖고 다닐 서류도 많거니와 실용성 있어 보이는 스타일이 '쿨'해 보였기 때문이다.

강 장관은 부처 특성상 출장 다닐 일이 많았다. 강 장관을 수행했던 관계자에 따르면 비행기가 휴식에 최적의 장소임에도 불구하고 강 장관은 비행기에서 항상 서류를 봤다고 한다. 서류들을 집어넣은 백팩이 그녀의 필수품이 될 수밖에 없었던 이유로 보인다.

강 장관에 대한 긍정 평가도 있지만, 아쉬운 건 그녀가 떠난 뒤 기억에 남은 건 은발뿐이라는 점이다. 딱딱한 양복 차림의 남성 장관들 사이에서 여성 장관들이 백팩을 메고 다니며 인정받고 활약하는 날이 언젠가 오리라 믿는다.

FASHION

4장
외국 정치인의 패션

FASHION

국내 정치인들이 그러하듯 외국 정치인들도 패션을 정치적 소통의 도구로 생각한다. 오히려 좀 더 과감하고 특색 있는 패션을 시도하는 경향이 있다.

국내 정치인들과 마찬가지로 외국 정치인들도 소속 정당의 색깔을 옷이나 장신구 등 어디든 표시한다. 정치적 메시지를 내고 싶을 때도 패션을 활용한다. 때로는 양말로, 때로는 브로치로, 때로는 모자로 메시지를 표현한다. 대통령과 배우자가 전 국민을 염두에 두고 패션을 연출한다면, 정치인들은 지지층을 겨냥해 패션을 연출하곤 한다.

미국 의회에서도 패션이 논란이 된 적 있다. 미국 민주당 소속 펜실베이니아주 상원의원 존 페터먼은 반바지와 후드티를 즐겨 입는데, 자신의 지역구에서 고속도로가 무너지는 대형 사고가 났을 때도 이런 차림으로 바이든 대통령과 기자회견을 했다. 사실 페터먼 의원은 우울증으로 입원 치료를 받은 전력이 있고, 치료받는 동안 이러한 복장으로 의정활동을 해왔다. 하지만 상원의 복장 규제 탓에 본회의장 투표에 참여하지 못하고 회의실 구석에서 별도로 투표하는 굴욕을 당하기도 했다.

결국 미 연방의회의 복장 규정이 완화되었다. 사실 미 의회에서 상·하원 모두 공식적인 복장 규정이 있었던 것은 아니다. 다만, 남성은 넥타이를 착용한 양복 차림을 하고, 여성은 민소매 옷이나 발가락이 드러나는 구두는 착용하지 않는 것이 관례였다. 하지만 이러한 비공식적인 규정까지 없어진 것이다. 이러한 조치에 대해 공화당을 중심으로 비판이 나왔다. 복장 규정은 일종의 예의범절로, 기관에 대한 존중의 표시인데 이를 완화하는 것은 사회적 예의에 어긋난다는 지적이었다. 공화당이 다수인 하원에서는 여전히 복장에 관한 비공식적 규정이 유지되고 있다.

미국에선 의회에 출입하는 기자의 복장을 문제 삼은 적도 있다. 2017년, 민소매 원피스를 입은 여성 기자가 연방 하원 의회 로비에서 입장을 제지당해 쫓겨난 것이다. 이 일로 양당 여성 하원의원들

2017년 미국 여성 의원들의 '민소매 입는 금요일' 시위(출처: 트위터)

이 '민소매 입는 금요일' 시위를 벌이는 등 거세게 반발한 끝에 민소매 옷 금지 규정이 없어졌다.

　외국 정치인들이 패션으로 유권자들의 마음을 사로잡는 방법도 다양하다. 프랑스의 사르코지 전 대통령은 최고급 정장으로 우파 유권자들의 호감을 사려 했고, 미국의 버니 샌더스 의원은 헝클어진 머리에 동네 할아버지 같은 친서민적 이미지로 유권자들에게 다가갔다.

　정치인들은 대중에게 정치적 신념과 메시지를 전달하는 수단으로 패션을 활용한다. 힐러리는 왜 바지 정장만 고집했는지, 트뤼도에게 양말은 어떤 의미인지, 마크롱이 터틀넥을 선호하는 이유는 무엇인지 등 외국 정치인들의 패션에 숨겨진 의도를 살펴본다.

일론 머스크 '화성 점령' 티셔츠

　현재 전 세계에서 가장 막강한 권한을 가진 권력자, 트럼프 미국 대통령. 그의 최측근으로 알려져 있으며 트럼프 행정부에서 정부효율부(DOGE) 수장을 맡았던, 테슬라 최고경영자 일론 머스크는 천재 또는 괴짜로 유명하다.

　2024년 7월 13일은 트럼프가 펜실베이니아주 버틀러에서 대선 유세 도중 괴한이 쏜 총에 맞아 아슬아슬하게 암살 위기를 모면한 날이다. 이 소식이 전해지자 머스크는 곧 X(트위터)에 트럼프를 지지한다는 메시지를 남겼다.

　그로부터 3개월쯤 후인 10월 5일 펜실베이니아주 버틀러에서 다시 트럼프의 선거 유세가 있었다. 이날 머스크는 직접 찬조 연설에 나서 전 세계적인 주목을 끌었다. 그동안 트럼프를 공개적으로 지지해왔으나 찬조 연설을 한 것은 이날이 처음이다. 머스크는 검은색 재킷 안에 '화성 점령(Occupy Mars)'이라고 적힌 회색 티셔츠를 입고 검은색 마가(MAGA) 모자를 쓴 모습으로 트럼프와 함께 연단에 올랐다. 이날 머스크는 두 팔을 위로 들고 배꼽이 보일 정도로 점프하며 지지자들의 열렬한 호응을 이끌어냈다. 트럼프가 우리가 그동안 익숙히 보아 온 전형적인 대통령과 다르듯이 머스크 역시 전형적인 참모가 아니다. 옷차림에서부터 그만의 독특한 캐릭터가 묻어난다.

그의 티셔츠에 적힌 문구 '화성 점령'은 머스크의 오랜 꿈이다. 머스크는 열 살 때 미국 공상과학 소설의 거장 아이작 아시모프가 쓴 〈파운데이션〉 시리즈를 읽고 화성에 사로잡혔다고 한다. 그는 실제로 화성 식민지 건설이라는 꿈을 향해 한 걸음씩 나아가는 중이다. 우주선을 만들고 평균 표면온도 영하 80도인 화성에 지하 시설을 구축하기 위한 기술 확보에 나서는 등 그의 사업들은 화성 식민지 건설과 연결되어 있다.

그의 천재성을 알아본 트럼프는 두 번째 대선 행보에서 머스크를 '든든한 아군'으로 삼았다. 트럼프는 선거기간인 2024년 11월 머스크의 스타쉽 시험비행을 직접 관람하기도 했다. 이날 머스크는 '스페이스X' 로고가 새겨진 티셔츠를 입고 겉에 영국 브랜드 '벨스타프'의 'H레이서' 재킷을 입었다. 머스크는 이런 차림으로 당시 트럼프 가족의 일일 가이드로 나섰다. 시험비행 관람 후 트럼프는 깊이 감명받은 듯 머스크에 대해 "중국도, 러시아도 만들지 못하는 로켓을 만들 줄 아는 사람"이라며 칭찬을 아끼지 않았다.

트럼프는 2025년 1월 20일 치러진 취임식 취임 연설에서도 "화성에 성조기를 꽂을 미국인 우주비행사를 보내겠다"라고 선언했다. 사실상 머스크의 꿈을 이뤄주겠다는 선언이다. 기업가 머스크는 마침내 정부효율부(DOGE)의 수장까지 꿰차며 트럼프 2기 행정부의 핵심 인물이 되었다.

머스크가 평소에도 양복을 고집하는 스타일은 아니지만, 특히 트럼프와 함께 다닐 때 '의제'가 담긴 티셔츠를 입는 데는 크게 두 가지 이유가 있는 것으로 보인다. 우선, '나, 트럼프와 이만큼 가까운 사이야. 굳이 차려입을 필요가 없어'라는 것을 보여주려는 행동이다. 둘째, '내가 강조하고 싶은 메시지는 이거야'라고 강조하고자 하는 행동이다. '화성 점령' 문구는 자신이 하고 싶은 일이 무엇인지 직접적으로 보여준다. 그리고 이런 메시지가 적힌 티셔츠를 입은 머스크가 트럼프와 같이 다닐 때 발생하는 시너지 효과로, 그 실현 가능성은 몇 배 높아진다. '화성 점령' 티셔츠 외에도 '스페이스X' 로고 등이 있는 티셔츠도 종종 입는데, 그가 추구하는 지향점을 명확히 보

elonrmuskk

여주는 패션이다. 무엇보다도 기술혁신의 최전선에 있는 리더라는 이미지가 드러나는 효과가 있다.

물론 머스크도 트럼프 취임식과 같은 공식적인 자리에서는 점잖은 양복을 입는다. 이

'화성 점령' 티셔츠를 입은 일론 머스크
(출처: 일론 머스크 인스타그램)

는 정치적 리더로서 신뢰감과 안정감을 보여주는 패션이다. 하지만 그는 정치인이기 이전에 기업가다. 의제가 적힌 티셔츠 등 패션을 활용해 메시지를 표현하고 파트너와 협력하고 대중을 설득하며 자신이 추진하는 사업 목표에 점점 다가가고 있다.

First day back after paternity leave. What should I wear?
번역 보기

👍 좋아요   💬 댓글 달기   ↪ 공유하기

회색 티셔츠로 가득한 마크 저커버그의 옷장
(출처: 마크 저커버그 페이스북)

　세계 유명 기업가 중 천재성을 보여주는 이들의 공통점은 옷의 브랜드나 스타일에 크게 집착하지 않는다는 점이다. 메타 최고경영자 마크 저커버그는 회색 티셔츠와 청바지 패션을 마치 몸의 문신처럼 고수한다. 고인이 된 애플 창업자 스티브 잡스 역시 검은색 티셔츠와 청바지에서 벗어난 패션을 거의 볼 수 없었다. 마이크로소프트 창업자인 빌 게이츠 역시 브이넥 스웨터를 색깔만 바꿔가며 입는 수준이다.

머스크 역시 옷의 브랜드보다 실용성에 방점을 두는 듯하다. 다만 머스크가 기존 IT 거물들과 다른 점이 있다면, 패션을 활용해 '정치적 의제'와 '정치적 권위'를 강조한다는 점이다. 그러면서도 대중에게 기술혁신과 관련된 자신의 철학과 목표를 자연스럽게 전달한다. 즉 패션이 하나의 소통 창구인 셈이다.

머스크가 패션 등 여러 창구를 통해 '주입식 교육'을 한 덕분일까. 이제 화성 점령의 꿈은 머스크만의 꿈이 아닌, 현재 세계 최강의 권력자인 트럼프의 꿈이기도 하다.

카멀라 해리스 진주목걸이

카멀라 해리스는 미국의 첫 여성·흑인 부통령이다. 2021년 취임식에 그녀는 보랏빛 코트와 드레스를 입고 등장했다. 이 옷은 뉴욕의 흑인 디자이너 크리스토퍼 존 로저스가 만들었다. 보라색은 빨간색(공화당)과 파란색(민주당)을 섞은 색깔로 '통합'을 상징한다는 게 외신들의 분석이었다. 또한 보라색은 여성 참정권 운동을 상징하기도 한다. 미국의 첫 흑인 여성 하원의원이자 1972년 민주당 후보로 대통령 선거에 출마했던 셜리 치솜이 보라색을 선거운동에 사용했다. 취임식은 상징적인 이벤트이기 때문에 이처럼 옷의 색깔과 브랜드도 '상징적'이어야 했다.

카멀라 해리스 하면 먼저 떠오르는 차림은 진주목걸이와 '파워수트(Power Suit)'다. 사실 미국 여성 정치인들의 전형적인 옷차림은 치마 정장에 하이힐이다. 하지만 해리스는 활동하기 편한 바지 차림을 더 선호한다. 2020년 11월 7일 해리스는 당시 대통령 당선인 조 바이든과 함께 참석한 첫 공식행사에 흰색 바지 정장을 입고 등장했다. 정장 안에 입은 블라우스도 흰색이었는데 '푸시 보우(Pussy Bow)'라 불리는 큼지막한 리본이 달려 있었다. 이러한 디자인은 여성의 사회 진출을 상징하는 것으로 알려져 있다. 특히 흰색 정장은 영미권 여성 정치인들이 주요 행사에서 즐겨 입는 옷으로, 여성 인권을 상징한다. 힐러리 클린턴도 2016년 첫 여성 대통령 후보직을 공식 수락하는 자리에서 흰색 정장을 입었다.

해리스는 미국 대선 후보가 된 뒤 2024년 8월 시카고에서 열린 민주당 전당대회 첫날 평소와 같은 파워수트를 입고 나왔다. 하지만 갈색 정장을 입고 나와 색깔에서 특별함을 드러냈다. 그날의 갈색 정장은 두고두고 화제가 됐다. 미국 여성 정치인들은 보통 전당대회에 참여할 때 애국심을 보여주는 뜻에서 성조기의 붉은색, 파란색, 흰색 중 하나를 택해 옷을 입는다. 하지만 해리스는 이런 관례를 깨고 갈색 옷을 선택했다. 〈뉴욕타임스〉는 이날 "해리스의 뜻밖의 갈색 정장"이라는 제목의 칼럼을 실었는데, 패션을 통해 대중의 시선을 끄는 데 성공했다는 취지였다. 다른 언론들도 해리스가 갈색 정장을 통해 기존의 틀에서 벗어나 새롭게 나아간다는 메시지를 보여줬다고 분석했다.

그날 그녀의 갈색 정장은 과거 오바마 전 대통령의 양복 색깔을 둘러싸고 논란이 벌어졌던 '탠게이트(tan-gate)'를 상기시켰다. 2014년 오바마 대통령은 이라크 수니파 무장세력 이슬람국가(IS)에 대한 대책을 발표하는 기자회견에서 연갈색(tan)의 양복을 입었다. 당시 보수 진영에서는 오바마의 양복 색깔이 주제의 심각성에 맞지 않는 선택이라며 대통령답지 않다고 비판의 날을 세웠다. 해리스도 단순히 '갈색이 잘 어울려서' 골랐을 수도 있지만, 과거에 이 같은 논란을 불러일으켰던 색이기에 해리스가 민주당을 향한 상대 진영의 '트집'을 재치 있게 풍자한 것 아니냐는 해석이 나왔다. 옷 색깔을 갖고도 다양한 해석이 나올 수밖에 없는 배경이다.

해리스는 바지 정장에 가끔 운동화를 신어 격식을 차리면서 캐주얼한 분위기를 함께 연출하기도 한다. 그녀가 운동화를 신는 이유가 단순히 편안함 때문만은 아닐 것이다. 해리스는 과거 한 방송에서 자신의 '컨버스' 운동화 사랑에 대해 털어놓으며 캐주얼한 의상에는 항상 컨버스를 신는다고 밝혔다. 그녀는 점잖은 재킷에 컨버스 운동화를 신기도 했다. 컨버스는 미국의 운동화 브랜드로 무난한 스타일과 합리적인 가격대로 많은 사랑을 받고 있다. 대중들이 즐겨 신는

 kamalaharris

재킷에 '컨버스' 운동화를 신은 카멀라 해리스 부통령(출처: 카멀라 해리스 인스타그램)

컨버스 운동화. 정치인은 이처럼 운동화 하나로도 친서민적 이미지를 보여줄 수 있다.

해리스 역시 옷을 고를 때 디자이너가 누구인지 신경 쓰는 것으로 알려졌다. 유색 인종의 디자이너 옷을 일부러 골라 입기도 한다. 앞에서 언급했듯이 2021년 부통령 취임식 때 입은 보라색 옷도 뉴욕에서 활동하는 루이지애나 출신 흑인 디자이너 크리스토퍼 존 로저스가 만든 것이다. 그녀는 아시아 출신의 디자이너 옷도 즐겨 입는다. 취임식 날 취임 기념 기도회에는 네팔계 미국인 디자이너 프라발 구룽의 의상을 입고 나왔다.

진주목걸이는 해리스가 정계에 진출하기 전부터 꾸준히 착용해온 패션 아이템이다. 미국의 패션 사이트 〈후왓웨어닷컴〉은 그녀가 "대학 때부터 진주를 활용해 자신의 시그니처 스타일을 구축해왔다"라고 평가했다.

2021년 문재인 대통령이 미국을 방문해 해리스 부통령을 만났을 때 문 대통령은 그녀의 진주목걸이를 언급해 현장 분위기를 화기애애하게 만들었다. 당시 문 대통령은 "부통령 취임 당시 SNS에서 많은 사람들이 동참한 '진주목걸이 캠페인'을 인상 깊게 보았다. 보이지 않는 차별과 유리천장을 앞장서서 극복해온 부통령님에 대한 애정과 지지였다고 생각한다"라고 말했다.

해리스는 부통령 취임으로 미국 여성 중 최고 직위에 오름으로써 '유리천장'을 깼다는 평가를 받았다. 그녀의 취임을 축하하며 수십만 명이 해리스의 진주목걸이 착용 사진을 SNS에 올린 것이 곧 '진주목걸이 캠페인'이다.

정치인에게는 이러한 시그니처 아이템이 필요하다. 자신만의 스타일을 만들어 내어 유권자들에게 자신을 각인시키는 효과가 있고, 자신이 표현하고 싶은 정치적 메시지도 담을 수 있기 때문이다. 매들린 올브라이트 전 미국 국무부 장관의 브로치, 크리스틴 라가르드 유럽 중앙은행 총재의 스카프 그리고 카멀라 해리스의 진주목걸이처럼 말이다.

힐러리 클린턴 바지 정장

힐러리 클린턴은 공개 석상에 항상 바지 정장 차림으로 등장한다. 30년 가까이 치마를 입지 않았다는데, 2022년 힐러리는 한 방송 인터뷰에서 (그동안 말하지 않았던) 바지만 선호하는 이유를 공개했다. 1995년 영부인 시절 남아메리카 순방 중에 촬영된 사진 때문이었다. 당시 미색 치마를 입고 있었는데 치마 속의 속옷이 사진에 찍힌 것이다. 심지어 브라질의 속옷 회사는 그 사진을 허락도 안 받고 광고에 사용했다. 힐러리는 인터뷰에서 "광고판이 등장했다는 보고가 갑자기 백악관에 올라왔고, 나는 다리를 모으고 있다고 생각했지만 사진은 좀 선정적으로 찍혀있었다"라며 "그 뒤로 내가 연단 위에 있거나 계단을 올라갈 때 아래쪽에 사진사들이 몰려들기 시작하는데 견딜 수가 없었다"라고 털어놨다. 힐러리는 정말 바지 정장만 계속 입었다. 변호사에서 영부인, 정치인을 거쳐 유력 대권주자가 되기까지 그녀의 패션도 변화했지만, 바지 정장에는 변함이 없었다.

남편 빌 클린턴이 정계에 입문하기 전까지 힐러리는 패션에 별로 관심이 없었다. 남편이 주지사 재선에서 낙방하자 힐러리도 패션에 관심을 두고 스타일에 변화를 꾀했다. 굵은 뿔테 안경을 벗고, 머리를 부풀리고, 성숙해 보이는 정장 차림으로 변신했다. 이후 정치인 남편의 조력자에 머물지 않고 본인이 직접 상원의원에 출마하면서 여성 정치인으로서 스타일을 만들어가기 시작했다.

상원의원으로서 유력 대선 주자로 부각되던 2007년, 힐러리는 정치자금 모금행사에서 만난 한인 디자이너 수재나 정 포리스트(한국 이름 '정순화')에게 의상 제작을 부탁했다. 캘리포니아 베벌리힐스에서 고급 맞춤 정장 의상실을 운영하는 정 포리스트는 그것이 인연이 되어 2007년부터 수년간 힐러리의 의상을 담당하며 힐러리의 바지 정장 스타일을 완성했다.

힐러리의 바지 정장은 정치인으로서 활동성이 강조되는 옷이다. 다만 색상에서는 변화가 있었다. 1999년 뉴욕주 상원의원에 출마하면서는 검정이나 회색 등 무채색 정장을 입고, 진주목걸이 등으로 포인트를 줬다. 2016년 대선에서 민주당 후보가 된 이후에는 빨강, 주황, 노랑, 보라 등 다양한 색상을 선보이며 TPO에 맞춰 의미를 부여했다.

승리가 유력시되던 힐러리는 결국 도널드 트럼프에게 패했다. 무엇보다 하기 싫었을 '패배 연설'을 하러 나온 힐러리의 옷에 많은 관심이 쏠렸다. 이날 그녀의 옷은 검은색 바지 정장이었지만 재킷의 옷깃이 보라색이었고 정장 안에 입은 옷도 보라색이었다. 이날 함께 무대에 선 남편 빌 클린턴의 넥타이도 보라색이었다. 색을 일부러 맞춘 것임을 알 수 있다. 보라색은 '초당적 협력'을 의미하는 색으로 알려져 있다. 민주당의 파란색과 공화당의 빨간색을 섞으면 보라색이 되기 때문이다. 실제로 미국에서는 선거기간에 민주당 지지와 공화당 지지를 왔다 갔다 하는 '경합 주'를 '스윙 스테이트(swing

힐러리 클린턴의 다양한 바지 정장(출처: 인스타그램 @HelenORahilly)

state)'라고 부르지만 종종 '퍼플 스테이트(purple state)'로 부르기도
한다. 이날 힐러리가 입은 정장은 랄프로렌 제품으로 알려졌다.

힐러리도 고가의 패션으로 논란이 된 적이 있다. 민주당 대선 후보
였던 2016년 당시 '소득 불평등 개선'을 주제로 공개 연설하는 자리
에서 입었던 코트가 문제가 됐다. 붉은색 가죽 코트로, 이탈리아 브
랜드 '조르지오 아르마니' 제품인데 가격이 860만 원대였다. 논란
초기에는 가격이 1,000만 원이 넘는 것으로 알려져 더욱 시끄러웠
다.

언론들은 힐러리가 단순히 고가의 옷을 입은 것을 비난하기보다,
그 옷을 입고 연설한 주제가 '소득 불평등 개선'이라는 것에 초점을
맞췄다. 당시 SNS에선 "그 코트를 입고 불평등에 대한 연설을 하면
안 됐었다", "타깃(Target, 할인유통업체) 옷보다 아르마니 재킷의 장
점을 얘기하는 게 나았을 것", "클린턴이 가난을 알기는 하나" 등 힐

러리의 패션에 대한 비판이 쏟아졌다. 다만 남성 정치인들보다 여성 정치인들이 상대적으로 패션에 대해 더 심하게 비판받는 것에 대한 문제 제기도 있었다. 예컨대 힐러리의 상대 후보 트럼프는 한 벌에 7,000달러(한화 800여만 원)인 이탈리아 명품 브랜드 브리오니의 정장을 즐겨 입어도 아무도 뭐라 하지 않는다는 것이다.

쥐스탱 트뤼도 양말

2015년 캐나다에서 40대의 총리가 당선되면서 화제를 불러일으켰다. 바로 쥐스탱 트뤼도 총리다. 그는 특히 호감형 외모와 센스있는 패션 감각으로 더욱 주목받았다. 2016년 미국 패션지 〈배너티 페어〉는 그를 베스트 드레서에 선정하기도 했다. 188cm의 키에 요가, 복싱으로 다져진 체격 덕분에 어떤 옷도 잘 소화한다는 평이다.

자유당 소속으로 2015년부터 2025년 3월까지 캐나다를 이끈 그는 정상 외교에서 독특한 양말 패션으로 화제가 되곤 했다. 점잖은 정장에 특색 있는 양말을 신어 위트를 더했는데, 그 덕분에 '양말 정치'라는 말까지 생겨났다.

우선 총리 취임 후 첫 장관 회의에서 검은색 정장에 빨간 양말을 신은 모습이 포착됐다. 양말에는 캐나다의 상징인 단풍잎 무늬가 흰색으로 새겨져 있었다. 2017년 벨기에 브뤼셀에서 열린 NATO 정상회담에서는 NATO 깃발 모양이 새겨진 양말을 신었는데 한쪽은 분홍색, 한쪽은 하늘색인 짝짝이 양말이었다. 당시 앙겔라 메르켈 독일 총리가 트뤼도 총리의 양말을 흥미롭게 쳐다보는 사진이 화제가 되었다.

2017년 5월 4일 아일랜드 총리와 정상회담에는 〈스타워즈〉 캐릭터 양말을 짝짝이로 신고 나왔다. 영화 〈스타워즈〉의 팬이기도 한 그가 5월 4일 '세계 스타워즈의 날'을 기념하는 방법이었다.

Mark Slatem
@trentster

트뤼도 총리가 메르켈 총리에게 양말을 보여주는 모습(출처: @trentster 인스타그램)

　2021년 조 바이든 미국 대통령과 회담 때 신은 양말은 빨간 바탕
에 파란색, 흰색 무늬가 선명해 미국 성조기를 떠올리게 하는 효과
가 있었다. 이 양말로 캐나다와 미국의 친선관계를 강조했다는 평가
를 받기도 했다.

　이처럼 재미와 의미를 담은 양말은 외교 무대에서, 특히 외국 정
상들과 첫 만남에서 서먹서먹한 분위기를 깨고 대화를 순조롭게 이

어가는 역할을 한다. 미 일간지 〈뉴욕타임스〉는 "독특한 양말 덕분에 트뤼도 총리는 새로운 세대 리더의 이미지를 굳혔다"라며 "트뤼도 총리 같은 정치인들한테 양말은 인간적 매력을 드러내고 또 사람들과 소통하는 수단이 되고 있다"라고 평가했다.

　트뤼도 총리는 깔끔한 정장과 '튀는 양말'의 조합으로 유명하지만, 평상복으로도 주목받곤 했다. 토론토국제영화제에 참석했을 때는 새하얀 전통 복장으로, 자선 복싱대회에 출전했을 때는 왼쪽 어깨의 문신으로 시선을 모았다. 게다가 (캐나다 총리를 지낸) 아버지로부터 물려받았다는, 술이 치렁치렁 달린 원주민 가죽 재킷도 완벽하게 소화해내는 진정한 패셔니스타다. 이렇듯 다채롭고 자유로운 패션 감각은 젊은 지도자로서 그의 정치 철학과도 맞닿아있는 것이다.

에마뉘엘 마크롱 터틀넥

또 다른 젊은 지도자, 프랑스의 에마뉘엘 마크롱 대통령도 패션정치로 유명한 인물이다. 프랑스는 워낙 패션 감각 뛰어난 멋쟁이들이 많다고 알려져 있는데, 마크롱은 정치인으로서 패션을 정치에 적절히 활용한다는 평가를 받는다.

2022년 10월 아프리카 서쪽 기니비사우의 우마로 시소코 엠발로 대통령이 파리 엘리제궁을 방문했을 때 마크롱 대통령은 셔츠에 넥타이를 맨 일반적인 양복 차림이 아닌, 재킷 안에 검정 터틀넥을 입은 차림으로 등장했다. 마크롱 대통령은 이날 저녁 베를린에서 올라프 숄츠 독일 총리와 만났을 때도 같은 차림이었다. 정상회담을 할 때는 보통 셔츠와 넥타이에 양복을 갖춰 입는데, 마크롱 대통령이 이런 관례를 깨고 터틀넥을 입은 이유는 따로 있었다. 당시 러시아-우크라이나 전쟁으로 에너지 위기가 닥치자 난방비를 아끼자는 취지로 솔선수범하는 모습을 보이고자 한 것이다. 즉 그가 터틀넥 패션으로 전하고자 한 메시지는 '난방비 절감'이었다. 이를 두고 반응이 엇갈렸다. 난방비를 절약하자는 취지의 패션에 대한 칭찬도 있었지만, 그래도 정상회담에는 적절치 않은 복장이었다는 비판도 있었다.

마크롱은 2019년에도 터틀넥을 입은 적이 있다. 당시엔 단지 '건강상의 이유' 때문이었다. 하지만 2022년 마크롱의 터틀넥에는 분

터틀넥을 입은 마크롱 대통령(출처: 유튜브)

명한 정치적 메시지가 담겨 있었다. 마크롱은 패션을 정치적으로 활용하는 방법을 잘 알고 있다는 평을 듣는다. 선거가 한창일 때는 셔츠 단추를 서너 개씩 풀어 열정적인 정치인의 이미지를 담아냈다. 러시아-우크라이나 전쟁이 시작됐을 때는 평소와 달리 후드티와 청바지를 입은 모습으로 우크라이나 젤렌스키 대통령의 '전시 지도자' 이미지를 활용하기도 했다.

마크롱 대통령은 평소 몸에 맞는 정장을 즐겨 입는데 넥타이는 폭이 좁은 단색 타이를 주로 착용한다. 그가 매는 넥타이는 폭이 6cm 정도 된다. 그는 폭 좁은 넥타이와 바지, 날렵한 구두 앞코로 젊은 이미지를 강조하곤 한다. 넥타이의 색상도 주로 양복과 비슷한 색상으로 고른다. 마크롱이 입는 양복은 명품 브랜드의 고가품이 아니고 400~500유로(한화 60~70만 원) 수준의 기성복이다. 취임식 때 입은 양복도 평소 단골로 이용하던 양복점에서 맞춘 것으로, 가격이 450유로(약 55만 원)라고 알려졌다. 프랑스 파리 2구에 있는 이 양복점에는 마크롱 외에도 정치인 단골이 많다. 마크롱 대통령이 이러한 대중적인 양복점을 이용하는 것은 기득권층 이미지를 탈피하고 친서민적 이미지를 부각시키기 위한 행보의 일환이라 볼 수 있다.

앙겔라 메르켈 컬러풀 재킷

앙겔라 메르켈은 2005년부터 2021년까지 독일 총리를 지내며 '유럽의 총리'라는 별명을 얻었다. 이에 더해 '무티(Muitt, 엄마)'라는 애칭까지 생겨났는데, 이는 그녀 특유의 부드러운 카리스마 덕분이다. 유럽 경제가 전반적으로 어려운 와중에 독일은 호황을 누렸고, 그 배경에는 메르켈의 리더십이 있었다. 그녀는 소탈한 이미지와 친근감을 무기로 독일을 안정적으로 이끌었다.

이러한 이미지는 그녀의 패션에서도 드러났다. 메르켈의 트레이드 마크는 형형색색의 재킷과 검은색 정장 바지다. 특히 남성이 많은 국제 행사에서 촬영된 단체 사진을 보면 메르켈이 가장 먼저 눈에 들어온다. 검정, 남색, 회색 등의 짙은 양복을 입은 남성들 사이에서 메르켈 혼자 밝은 색상의 재킷을 입고 서 있기 때문이다. 메르켈의 패션 스타일은 오직 다양한 색상의 재킷뿐이다. 장신구도 거의 착용하지 않는다. 간혹 목걸이를 할 때도 있지만 보석류는 아니고, 검정 가죽 손목시계와 웨지 로퍼(통굽 신발) 정도가 전부다.

이러한 평범한 스타일에 포인트가 되며 그녀의 스타일을 완성한 것이 재킷인데, 워낙 그녀의 상징적인 패션처럼 되다 보니 네덜란드의 그래픽 디자이너가 만든 '팬톤 메르켈 룩 차트(Pantone Merkel Look Chart)'가 화제가 되기도 했다.

팬톤 메르켈 룩 차트(출처: 누르체 반 이켈렌 웹사이트)

메르켈은 과거 한 독일 언론과 인터뷰에서 "남자가 100일 연속으로 짙은 파란색 정장을 입는 것은 문제가 되지 않지만, 만약 내가 2주에 네 번 같은 재킷을 입는다면 시민들의 편지로 이어진다"라고 말한 적이 있다. 즉 패션에 있어 남성과 여성에게 다른 잣대를 들이댄다는 취지로 설명한 것이다.

그녀의 이런 패션은, 패션에 시간을 할애한다는 것을 보여주지 않으려는 하나의 전략이었다. 특히 독일에선 정치인이 유행이나 멋있는 것을 너무 좋는 것처럼 보이면 국민들에게 긍정적인 인상을 주지 못한다고 한다. 그러한 독일 국민들의 정서에 딱 맞는 패션 철학을 보여준 것이다. 실제로 과거 기자회견에서 한 기자가 메르켈에게 "총리께서는 왜 맨날 같은 옷을 입나요?"라고 묻자 돌아온 메르켈의 대답은 "나는 패션모델이 아니고 이 나라의 공무원입니다"였다.

메르켈이 즐겨 입는 재킷은 주로 함부르크에 있는 작은 브랜드숍에서 맞춘 것이다. 언론의 분석에 따르면 비슷한 형태의, 색상만 다른 재킷이 50여 벌이라고 한다. 그녀는 같은 옷을 여러 차례 반복해서 입기도 했는데, 이러한 소탈함이 독일 국민들을 사로잡았다. 실제 메르켈의 생활은 검소한 것으로 알려져 있다. 총리 재임 중에도 정치를 시작할 때 살던 아파트에서 그대로 살았고, 업무로 바빠도 가사 도우미를 두지 않고 집안일을 직접 했다고 한다. 그녀의 이런 성격이 패션에도 고스란히 묻어난 것이다.

케이트 미들턴 모자

영국 왕세자빈 케이트 미들턴은 패션외교의 달인으로 꼽힌다. 평범한 신분이던 그녀는 하루아침에 로열패밀리가 된 '현실판 신데렐라'이자 고 다이애나비의 며느리로 주목받고 있다.

대학 시절 윌리엄 왕자와 교제할 때의 케이트는 비교적 자유분방한 패션 스타일을 좋아한 것으로 알려졌다. 2011년 4월, 8년 연애 끝에 두 사람은 수천만의 시청자들이 생중계로 지켜보는 가운데 '세기의 결혼식'을 올렸다. 그 후 케이트는 파파라치들로부터 가장 많이 사진을 찍히는 인물이 됐다. 실제로 케이트는 2011년부터 여러 차례 〈타임〉 선정 '세계에서 가장 영향력 있는 인물 100인'의 한 명으로 뽑히기도 했다.

영국 왕실 입성 후 그녀의 패션 스타일에는 많은 변화가 있었다. TPO에 맞춰 왕족답게 우아하고 세련된 스타일을 선보인다는 평이며, 시어머니 다이애나비를 잇는 영국 왕실 패션의 아이콘으로 여겨지고 있다.

그녀의 패션은 종종 다이애나비의 생전 패션과 비교된다. 실제로 다이애나를 연상케 하는 옷과 장신구를 착용하고 등장한 적이 여러 번이다. 그녀가 직접 만나보지도 못한 시어머니 다이애나의 패션 스타일을 따라 하는 이유가 무엇일까. 찰스 왕세자와 이혼 후 교통사고로 비극적인 죽음을 맞이한 다이애나는 세월이 흘렀어도 여전히 영국인들에게 '영원한 왕세자비'로 남아있다. 케이트가 다이애나비의 패션을 모방하는 것은 다이애나비에 대한 영국인들의 깊은 애정과 무관하지 않을 것이다.

케이트는 외국 방문 일정이 많은데 패션외교의 달인답게 국제무대에서 더욱 빛나는 모습이다. 2019년 남편 윌리엄과 파키스탄을 방문했을 때는 현지 디자이너가 만든 의상을 입어 호응을 얻었다. 특히 파키스탄의 전통 문양이 돋보이는 의상으로 상대국에 대한 존중을 표하는 센스를 발휘했다. 또 웨일스를 방문할 때는 빨간색, 아일랜드를 방문할 때는 진녹색 등 지역별 상징색을 살린 의상으로 전통과 문화를 존중하는 모습을 보였다.

게다가 공개석상에서 입었던 옷을 몇 년 후에 다시 입는 등 검소하고 환경친화적인 모습으로도 좋은 평가를 받고 있다. 케이트의 이러한 긍정적 이미지와 패셔니스타의 이미지가 맞물리면서 '케이트 미들턴 효과'라는 말까지 생겨났다. 케이트가 한번 입으면 '완판'이 된다는 것이다. 심지어 그녀가 입으면 바로 모조품이 생겨날 만큼 인기다. 그녀가 입으면 곧 '스타일'이 되고 '메시지'가 되는 것이다. 실제로 케이트가 영국 패션산업에 미치는 영향력이 1조 원이 넘는다는 분석이 있다.

케이트는 알렉산더 맥퀸 제품을 좋아하는 것으로 알려져 있다. 이는 영국을 대표하는 디자이너 브랜드 중 하나다. 그밖에 영국의 다른 명품 브랜드 옷들도 즐겨 입는다. 케이트는 이런 고가 브랜드만 고집하는 것이 아니라 중저가 브랜드 옷들도 적절히 연출해 입음으로써 일반 국민들의 호감을 사고 있다. 자녀들의 의상을 선택할 때도 중산층과 서민층이 구매하는 수준의 옷을 택한다. 케이트는 이렇듯 여러 점을 고려해 패션을 선택하고 있고, 영국 국민들의 호감과 인기를 얻는 데 성공하고 있다. 기존 영국 왕실의 보수적인 이미지에서 벗어나 대중에게 개방적인 패션을 선보이고 있는 것이 이미지에 큰 보탬이 된 것이다.

2019년 연례 여왕 생일 퍼레이드에 참석한 윌리엄-케이트 가족(출처: 위키미디어)

FASHION

5장
북한 '백두혈통'의 패션

FASHION

북한은 지구상의 어떤 국가보다 폐쇄적이고 베일에 싸인 곳이다. 외부에 공개된 북한의 모습이 과연 사실인지, 아니면 연출인지 알기 어렵다. 언론에 공개된 북한의 모습을 보면서 이런 의심이 한 번씩은 들지 않았을까. '북한이 정말 저렇게 깨끗하다고? 저렇게 잘산다고?'

북한이 공개하는 영상 속에 보이는 장면들은 대부분 '풍요로움'이 강조돼있다. 깨끗한 집, 풍족한 음식, 세련된 옷. 생활의 기본이 되는 의·식·주가 여느 나라 못지않게 잘 갖춰져 있다는 것을 보여주려는 듯하다.

그중에서도 '의', 즉 옷은 김정은 정권 들어 더 화려해지는 모습이다. 정확히 말하면 김정은 국무위원장의 부인 리설주 여사가 등장하면서 북한의 패션이 많이 달라졌다. 실제로 북한 매체에 등장하는 일반 시민들, 특히 여성들의 옷차림을 보면 밝은 색상이나 꽃무늬 등에서 예전보다 화려함이 느껴진다. 전문가들은 리설주가 북한 여성들의 패션을 주도하는 패셔니스타 역할을 하는 것으로 보인다고 분석한다.

북한 매체를 모니터링하다 보면 흥미로운 장면들이 포착되곤 한다. 백화점이나 상점에서 다양한 물건들이 판매되고 있다는 것을 홍보하는데, 외국 명품 브랜드의 로고가 찍혀 있고 디자인도 비슷한 상품들이 진열되어 있는 식이다.

2022년 10월에 공개된 영상에서는 평양 제1백화점에서 열린 소비품 전시회의 면면이 소개되었다. 화장품, 식료품, 전자제품 등 갖가지 제품들이 매대에 진열되어 있는 모습이다. 특히 눈길을 끈 것은 '버버리'의 체크무늬가 새겨진 가방, 샤넬 로고가 있는 가방, 디올의 향수 용기와 같은 용기에 담긴 향수 등이다. 북한은 "전시회장의 모든 것이 우리의 기술, 우리의 자재로 만든 우리의 것"이라며 "신발도 옷도 식료품도 모두 우리의 상표가 붙은 우리의 제품들"이라고 했다. 진품이 아닌 이른바 '짝퉁'을 '우리의 상표'라고 주장하며 판매하고 있다. 2023년 평양 옥류전시관에서 열린 '가을철 피복 전시회 2023'를 소개한 영상에서도 '몽블랑' 가방의 디자인을 그대로 베낀 듯한 가방이 등장했다. 북한은 전시회에서 공개된 제품들이 "우리의 기술로 만든 제품들"이라고 소개했다. 자체 기술로 남의 디자인을 베껴 만든 것을 자랑스럽게 홍보한 것이다. 폐쇄된 국가이지만 정상 국가처럼 보이길 원하는 것일까.

그러한 북한의 지도층의 패션에는 어떤 의미와 메시지가 담겨 있을까. 김정은의 가족, 즉 '백두혈통'의 패션과 스타일이 표현하는 바는 무엇인지 살펴본다.

김정은 가죽 코트

 김정은 국무위원장을 가까이서 직접 볼 수 있는 기회가 있었다. 2018년 6월 싱가포르 북미정상회담 기간 중 그가 묵고 있던 호텔 로비에서였다. 당시 회담 취재를 맡고 있던 나는 정상회담을 하루 앞둔 6월 11일 밤, 그가 묵는 세인트레지스 호텔 로비에서 하염없이 기다렸다. 저녁에 '깜짝 외출'했다고 여러 외신에 보도된 상태라 곧 호텔로 복귀할 것으로 추측하고 전 세계에서 온 기자들과 함께 대기 중이었다.

 몇 시간이 흐른 뒤 김정은과 그의 일행이 로비로 들어왔다. 그가 들어오기 한 시간 전쯤, 권총을 휴대한 현지 경호팀의 지침이 전해졌다. 로비에 있는 사람들은 손에 쥐고 있는 휴대전화도 모두 집어넣으라고 했다. 그를 촬영할 기회는 아쉽게도 놓치고 말았다.

 김 위원장은 동생 김여정 제1부부장과 함께 엘리베이터 쪽으로 걸어갔다. 그들과 나 사이의 거리는 대략 50m 정도 됐던 것 같다. 김 위원장은 TV에서 봤던 모습처럼 검은색 인민복 차림에 키는 160cm 정도 되었고, 체구가 키에 비해 상당히 컸다. 걸을 때마다 숨이 찬지 계속 헐떡거리는 모습이었다. 인민복을 입고 있었는데, 한눈에 봐도 원단이 좋아 보였다. 검은색의 광택 있는 천에 줄무늬가 있었다. 김정은은 다음날 정상회담 때도 이 인민복을 입었다.

 인민복은 사회주의 국가 지도자의 상징적인 복장이다. 인민복을 처음 만든 사람은 중국 신해혁명의 지도자 쑨원으로 알려져 있는데, 중국 전통 옷에 서양의 옷을 응용한 디자인으로 쑨원의 호를 따 '중산복'이라 불리기도 한다. 1970년대까지만 해도 북한에선 주민들도 이러한 인민복을 자주 입었다고 한다. 김정은의 아버지 김정일 국방위원장도 즐겨 입었다. 다만 김정일이 입은 것은 카키색 점퍼 스타일의 옷으로, 김정은의 인민복과는 약간 다르다. 김정은의 인민복은 그의 큰 체형에 좀 더 맞춰진 형태라고 볼 수 있다. 색도 진하고, 뱃살이 가려지는 착시 현상이 일어나게끔 상의를 재단했다. 또 바지는 최대한 통을 넓게 만들어 허벅지에 달라붙지 않게 했다. 이는 김정은의 팔자 걸음걸이를 가려주는 효과가 있다고 한다.

내 눈으로 본 김정은의 인민복은 고급 원단을 사용한 것이 확실해 보였는데 역시나 이와 관련하여 분석 기사가 쏟아졌다. 전문가들은 영국의 고급 원단 브랜드 '스카발'의 제품일 것으로 보았다. 스카발 원단으로 양복 한 벌을 맞추면 가격이 300~400만 원대인데, 북한이 국제사회의 제재를 받고 있어 이러한 옷을 북한까지 운송하는 비용까지 따지면 한 벌에 800만 원은 족히 들었을 거라는 분석이었다.

김정은은 국제적으로 주목받는 북미정상회담이나 북중정상회담 등에서는 상징적으로 인민복을 갖춰 입었으나, 북한 내에서 치러지는 행사에는 종종 양복 차림으로도 등장한다. 북한 노동당 기관지 〈로동신문〉은 2012년 김정은을 당 수반인 제1비서로 추대하는 소식을 전하며 김정은이 양복을 입은 증명사진을 처음 공개했다. 짙은

색 양복 상의에 밝은색의 와이셔츠를 입고 줄무늬 넥타이를 맨 모습
이었다. 이후 김정은의 양복 차림이 영상으로 공개된 것은 2016년
5월 6일, 조선노동당 제7차 대회 개회식 때다. 당 대회 이후 기계설
비 전시장을 찾았을 때도 양복을 입고 직접 트랙터에 올라타는 모습
을 보여주기도 했다. 세로줄 무늬의 짙은 남색 양복에 흰색 와이셔
츠와 은색 넥타이를 착용한 모습이었다. 양복 차림으로 인민들 앞에
설 때도 있다. 제7차 대회 폐막 후 첫 현지 지도에 나섰을 때 인민복
대신 양복을 입었는데, 그가 양복을 입고 시찰한 것은 이때가 처음
이다. 이러한 행보는 김정은이 북한 주민들에게 김일성 시대의 향수

2023년 9월 러시아 방문 당시 양복 차림의 김정은 국무위원장(출처: 크렘린궁)

를 상기시켜 권위를 강화하려는 패션정치의 일환이라는 분석이다.

김정은의 패션 중 자주 화제가 되는 것은 손목시계다. 김정은의 '시계 사랑'은 잘 알려져 있다. 국제사회의 제재를 비웃기라도 하듯 명품 시계를 착용한 모습이 자주 포착됐다. 북한은 2022년 3월 ICBM '화성-17형' 시험발사에 성공하면서, 제작에 굉장히 공을 들인 듯한 뮤직비디오 형식의 영상을 공개했다. 화성-17형은 북한이 2020년 열병식에서 처음 공개했던 대륙간탄도미사일(ICBM)이다. 당시 영상에는 김정은이 손목시계를 들여다보며 미사일 발사를 지시하는 장면이 나오는데, 해당 시계는 스위스 브랜드 'IWC'의 1,600만 원대 제품으로 추정됐다. 김정은이 이 시계를 찬 모습은 ICBM 발사 때 외에도 여러 차례 목격됐다. 코로나19가 한창이던 2020년 10월 10일 노동당 창건 75주년 기념 열병식 연설에서 인민들에게 재난을 이겨내자고 호소하며 안경을 살짝 벗은 순간, 손목에 찬 시계가 드러났다. 수해 현장을 찾았을 때도 이 시계와 함께했다.

그동안 김정은이 차고 나온 시계는 IWC 제품 외에도 다양하다. 시계 하나가 수억 원을 호가하는 파텍 필립의 시계를 착용한 모습도 여러 차례 포착된 바 있다.

김정은이 겨울 패션으로 애용하는 것은 가죽 코트다. 김정은은 집권 초기엔 아버지와 할아버지의 패션을 따라 하는 듯한 모습을 자주 보였다. 더블 단추의 검은색 롱코트에 중절모를 쓰는 식이다. 어느 순간부터 가죽 코트나 밝은색 롱코트 등 선대의 영향에서 벗어난 느낌의 옷으로 바뀌기 시작했다.

특히 김정은이 겨울에 즐겨 입는 가죽 코트는 무릎 아래까지 내려오는 길이에 커다란 벨트가 있는 트렌치코트 스타일이다. 가죽이라는 소재 자체가 평범하지 않은 데다 북한이라는 나라의 특수성까지 고려하면 꽤 파격적인 시도라고 볼 수 있다. 자신만의 스타일을 추구하며 젊은 지도자의 면모를 외모에서 보여주려는 것으로 해석된다.

가죽 코트는 김정은뿐 아니라 김여정·현송월 당 부부장, 조용원 당 비서 등도 입은 모습이 포착되었다. 즉 일부 권력층만 입을 수 있는 옷의 상징이 된 것이다. 실제 북한에서는 일반 주민들에게 '가죽 코트 금지령'이 내려졌다고 한다. 최고 존엄의 권위에 도전하는 불순한 동향이라는 이유에서다.

김정은의 패션은 단순하다면 단순한데, 그 속에서도 여러 의미를 찾을 수 있다. 백두혈통의 '명품 사랑'은 취향이기도 하지만 국제사회의 제재에도 불구하고 이렇게 외국 명품을 구할 수 있다는 것을 보여주는 행보로도 볼 수 있다.

리설주 투피스

리설주 여사가 김정은의 배우자, 즉 북한의 퍼스트레이디로 처음 바깥세상에 공개된 것은 2012년 7월이다. 당시 앳된 얼굴의 리설주는 짙은 색의 투피스에 짧은 커트 머리를 하고 김정은 옆에 앉아 모란봉악단의 시범 공연을 관람하는 모습이었다. 여성의 패션에 보수적인 북한에서 당시 리설주의 머리 모양은 파격적이었다.

그 뒤로도 리설주가 공개석상에 입고 나온 옷들을 보면 노란 바탕에 하얀 물방울무늬가 있는 원피스를 입고 흰색 재킷을 입는다든지, 검은색 원피스를 입고 빨간색 물방울무늬 재킷을 입는 식으로 다소 화려하면서 대담한 스타일이었다. 또 북한에서 여성들은 바지를 잘 입지 않는데 리설주는 활동성 높은 바지 정장을 입고 등장하기도 했다. 젊은 지도자의 부인으로서 그동안 북한에서 잘 볼 수 없었던 세련되고 파격적인 모습을 보여주려고 한 것으로 풀이된다.

리설주의 전체적인 스타일은 재클린 케네디를 연상케 한다는 평이 많다. 김건희가 그러했듯이 리설주도 '재키 스타일'을 따라 한 듯한 차림이 여러 번 포착됐다. 2018년 4월 판문점에서 진행된 남북 정상회담 당시 리설주는 살구색 치마 정장을 입었다. 6부 소매와 둥근 목선의 상의 그리고 무릎길이의 치마로 구성된 투피스가 재클린 케네디가 즐겨 입던 투피스와 흡사했다. 리설주는 이러한 무릎길이의 치마를 선호하는데, 허리선을 실제 허리 위치보다 높게 두어 다

2018년 4월 27일 남북정상회담 당시 투피스 차림의 리설주 여사(출처: 청와대)

리가 길어 보이는 효과를 노리는 듯하다. 리설주가 공개석상에 처음 등장했을 때와 비교하면 국제적인 외교무대에서 선보이는 의상이 좀 더 단아하면서 세련된 차림으로 변화하는 것으로 보인다. 다양한 패션을 선보였지만 그중에서도 파스텔톤의 투피스는 '정상국가 지도자의 영부인' 이미지를 나타내려는 의도로 볼 수 있다.

'명품 사랑'은 리설주도 예외가 아니다. 2012년 공식 석상에 등장했을 때 디올의 고유 문양이 새겨진 검은색의 클러치백을 들고 있었는데, 나중에도 공식 석상에서 이 백을 들고 있던 모습이 여러 차례 확인되었다. 디올 외에 샤넬 등 다른 고가 브랜드의 핸드백을 든 모습도 포착된 바 있다.

목걸이를 활용해 대외적으로 메시지를 표현한 사례도 있다. 일명 'ICBM 목걸이' '미사일 목걸이'라 불리는 화성-17형 모양의 목걸이가 그것이다. 2023년 2월 7일 조선인민군 창건일(건군절) 75주년 기념행사장에서 착용한 모습이 언론에 노출되었다. 목걸이는 삼각뿔 모양의 탄두부와 흑백의 격자무늬가 그려진 본체, 엔진으로 추정되는 하단부까지, 미사일 형상을 그대로 본떴다. 김정은의 딸 김주애는 2022년 11월 18일 화성-17형 시험발사 현장에 동행하며 세상에 처음 모습을 드러냈다. 퍼스트레이디 리설주도 화성-17형 모양의 목걸이를 착용하고 중요 행사에 참석했다. 그만큼 화성-17형이 북한의 자랑이라는 것을 강조하고 있는 것이다.

김주애 시스루 블라우스

2022년 11월 18일 김주애가 처음 공개석상에 등장한 화성-17형 시험발사 현장, 앳돼 보이는 얼굴의 소녀는 털 달린 흰색 패딩 점퍼에 검은색 바지를 입고 빨간 단화를 신고 있었다. 앞머리를 내린 '뱅헤어' 스타일로 아버지 손을 잡고 나타난 김주애는 아직 어린 아동의 모습이었다. 당시 북한 매체들은 김주애를 "사랑하는 자제분"이라고 칭했다.

꽁꽁 베일에 싸여있던 김정은의 자녀가 처음으로 공개되자 전 세계의 이목은 김주애에게 집중됐다. 아직 어린 나이라 정말 김정은이 후계자로 확정하고 대동한 건지는 확실치 않지만, 첫 등장 이후 계속 김정은과 여러 행사에 동행하면서 사실상 후계자로 여겨지고 있다. 패딩을 입고 앞머리를 내린 모습이던 앳된 소녀는 두 번째 등장할 때부터 조금씩 모습이 달라지기 시작했다.

첫 등장 후 약 열흘 뒤, 화성-17형 시험발사를 축하하는 행사에는 깃에 털이 달린 검은색 모직 롱코트에 바지 정장을 입고 나타났다. 앞머리를 올려 이마를 드러낸 반묶음 머리 스타일에 옅게 화장한 얼굴이었다. 어머니 리설주 여사의 어린이 버전이랄까. 얼굴은 여전히 앳되어 보이지만, 전체적으로 성인 여성에게 어울릴 차림이었다. 북한 매체들은 이번엔 김주애를 "존귀하신 자제분"으로 칭했다. 그녀의 태도도 주목할 만했다. 기념사진을 촬영하면서 아버지 김정은의 팔짱을 끼고 허리를 꼿꼿하게 세운 채 할아버지뻘 되는 군 장성들로부터 90도 인사를 받았다.

김주애는 점점 더 성숙한 모습의 옷차림을 선보였다. 2023년 2월 7일, 어머니 리설주가 'ICBM 목걸이'를 착용했던 건군절 75주년 기념행사에 김주애는 검은색 치마 정장에 흰색 블라우스를 받쳐 입고 참석했다. 블라우스에 브로치를 달아 예복의 느낌을 살리고 윗머리를 부풀려 성인처럼 멋을 부린 모습이었다. 북한 매체들은 이번에는 "존경하는 자제분"이라고 칭했다. "사랑하는 자제분"이나 "존귀하신 자제분"보다 더 격상된 표현이라는 것이 전문가들의 분석이다. 그만큼 김주애의 위상이 더 높아졌음을 말해주는 호칭 변화다.

김주애의 명품 스타일도 화제가 됐다. 2023년 3월 16일 아버지 김정은과 함께 ICBM 화성-17형 발사를 참관할 때 입은 옷이 디올 제품으로 추정되었다. 디올의 특징적인 문양이 들어가 있는데, 한화로 250만 원 정도인 것으로 알려졌다.

북한의 식량난이 심각한 가운데 최고위층의 값비싼 명품 소비에 대한 비판이 제기되자 이를 의식한 듯 저렴한 옷을 입고 공개석상에 등장하기도 했다. 2023년 4월 18일 김주애는 김정은과 함께 국가우주개발국을 방문할 때 미색 블라우스와 검은색 바지 차림이었다. 이때 입은 블라우스는 온라인 쇼핑몰에서 손쉽게 구매할 수 있는 한화 2~3만 원 정도의 중국산 제품으로 파악됐다.

김주애의 패션 중 북한 사회에 작은 충격을 준 차림도 있었다.

2024년 5월 두 달여 만에 공개석상에 팔이 비치는 블라우스를 입고 나타났다. 이른바 '시스루'라 불리는 이런 옷차림은 보수적인 북한에서는 보기 힘든 파격적 패션이다. 미국 관영매체인 〈자유아시아방송(RFA)〉은 이에 대해 "복장 규율이 엄격한 북한은 셔츠에 붉은 넥타이를 매고 붉은색 치마를 입는 게 주애 또래의 보통의 복장"이라고 꼬집었다. 즉 북한에서 김주애 또래의 일반 학생들은 입을 수 없는 옷차림이 '백두혈통' 김주애에게만 허용된 것이다.

2023년 2월 8일 조선인민군 창건 75주년 기념 열병식에 참석한 김주애(퍼블릭 도메인)

이 일이 있고 난 뒤 북한에서는 시스루 옷을 둘러싸고 몇 가지 일이 있었다. 북한 매체를 통해 평양의 탁아소와 유치원 어린이들의 모습이 공개됐는데, 김주애의 옷처럼 팔이 비치는 시스루 옷을 입고 있는 어린이의 모습이 촬영되었다. 시스루 옷이 고위층 자녀를 중심으로 유행처럼 번진 것으로 보인다. 시스루가 어린이뿐만 아니라 평양을 중심으로 전국의 젊은 여성들에게도 유행하기 시작하자 북한은 2024년 8월경 이 같은 차림이 "체제를 좀 먹는 반사회주의, 비사회주의적 현상"이라며 주민들에게 금지령을 내렸다.

특수 신분인 김주애는 언젠가 또 다른 파격적 패션을 선보일지 모른다. 북한 내부적으로 혼란은 있겠지만, 김주애는 한마디로 북한의 연예인 같은 존재다. 김주애의 패션을 일부 상류층이 따라 하고, 그런 모습을 또 국제사회에 공개하는 것은 '우리도 잘 먹고, 잘 입고, 잘사는 나라'라는 것을 외부 세계에 보여주려는 시도로 읽힌다.

김여정 머리띠

김정은의 여동생 김여정 노동당 제1부부장을 처음 본 것은 2018년 6월 11일 싱가포르 북미정상회담을 하루 앞둔 날이었다. 당시 북한 일행이 묵던 싱가포르의 세인트레지스 호텔 로비에서 그들이 외출에서 돌아오기를 기다리고 있었다. 로비는 공기조차 차갑게 얼어붙어 있었다. 내 마음도 복잡했는데, 베일에 싸여있는 그들을 직접 본다는 일종의 설렘이 1/3, 총기를 휴대한 경호원들과 경찰들에 대한 경계심이 1/3, 혹시 모를 도발에 대한 긴장감이 1/3 정도였던 것 같다.

몇 시간이 지나서 김여정이 김정은과 함께 호텔 로비로 들어서는데, 눈에 먼저 들어온 것은 김여정이었다. 하얀 블라우스 차림의 김여정은 얼굴도 하얀색이었다. 얼굴색 때문인지 옷 때문인지, 멀리서도 광(光)이 나는 것 같았다. 그녀 주변에 현송월 등 다른 북한 고위층 여성들도 있었지만, 김여정은 로열패밀리여서일까, 어딘지 모르게 좀 달라 보였다. 그녀가 입은 블라우스가 여성스러우면서도 살짝 촌스러움이 느껴지는 스타일인데도 그녀는 전체적으로 상류층의 분위기를 묘하게 풍기고 있었다. 그러한 분위기는 패션으로 만들어질 수 있는 게 아니다. 어릴 적부터 몸과 마음에 밴 태도와 자세에서 형성되는 것이라고 본다. 김여정의 패션도 그러한 '태도'를 기반으로 하기에 특별한 뭔가가 없어도 자연스럽게 상류층 분위기를 자아내는 듯하다.

김여정이 즐겨 찾는 패션 아이템은 머리띠다. 주로 검은색 등 단색에 무늬가 거의 없는, 있어도 화려하지 않은 머리띠를 즐겨 착용한다. 실제로 머리띠 패션은 북한의 정치 엘리트 여성들이 선호하는 스타일로 꼽힌다. 백두혈통인 김여정도 머리띠로 자신의 정치적 지위와 정체성을 드러낸다고 볼 수 있다. 또한 리설주와 달리 '일하는 여성'의 이미지를 보여주는 스타일이 아닐까 싶다.

김여정은 머리띠를 안 할 때는 '반묶음 머리(머리카락 절반은 묶어서 고정하고 절반은 늘어뜨리는 스타일)'를 즐겨 한다. 검은색 리본이나 꽃 모양 핀을 활용해 긴 머리의 반을 고정하는 식이다. 일할 때 거추장스럽지 않게끔 단정하게 정리하는 것으로 짐작된다.

김여정은 옷차림도 '일하는 여성'의 스타일이다. 주로 검은색, 회색 등 무채색 계열의 치마 정장을 입는데, 남한 여성들의 '면접 의상'과 비슷하다고 할까. 안에는 블라우스를 받쳐 입고 치마는 무릎길이로 입곤 한다. 머리띠 외의 장신구는 김일성·김정일 초상 휘장 정도가 전부다.

그녀가 가방으로 화제가 된 적이 있다. 2023년 9월 러시아를 방문했을 때 들었던 검정 가방이 한화 1,000만 원 정도의 디올 제품으로 추정됐다. 북한은 경제제재 때문에 공식적으로 서구 제품을 수입하는 것이 불가능하지만, 제3국을 경유하는 '어둠의 경로'로 들어오는 것으로 알려져 있다.

2018년 2월 김여정은 평창 동계올림픽 참석차 한국을 방문했다. 이때 그녀의 옷차림이 지금도 기억에 선명하다. 소매와 깃에 털이 달린 검은색 A라인 롱코트를 입고, 발목에 털이 달린 앵클부츠를 신은 모습이었다. 진짜 모피인지 아닌지는 알 수 없었지만, 털 장식이 패션에 접목되면 고급스러움 또는 부유함의 이미지와 연결된다. 김여정은 이를 의식하고 남한을 방문할 때 일부러 이런 패션을 택했을 거란 생각이 든다. 이렇듯 김여정의 패션에는 '일하는 여성'임을 드러내면서, 동시에 북한 최고위층인 '로열패밀리'의 지위를 강조하는 포인트가 곳곳에 숨어있다.

2018년 평창 동계올림픽 개막식에 참석한 김여정 제1부부장(출처: 청와대)

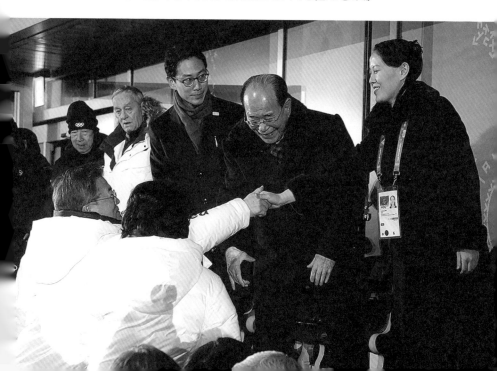

FASHION

6장
전쟁 국가 지도자의 패션

FASHION

우크라이나와 러시아의 전쟁이 끝이 안 보이는 터널을 지나가듯 수년째 계속되고 있다. 북한군까지 러시아에 파병되면서, 전쟁이 몇 개월 안에 끝날 거라던 전문가들의 희망 섞인 전망은 진작에 엇나갔다. 이 전쟁으로 희생자는 나날이 늘어나고 있다. 모든 전쟁이 그렇듯 전쟁에는 비극만 존재한다. 전쟁이 일어나면 삶의 기본이 되는 의·식·주도 제대로 해결할 수 없게 된다.

이런 전시 상황에서도 패션은 정치인들에게 중요한 수단이 된다. 누구는 전쟁에서 이기기 위해서, 또 누구는 전쟁에서 전하고픈 메시지가 있어서 패션을 도구로 활용한다.

윈스턴 처칠 전 영국 총리는 2차 세계대전 때 공습에 대비해 지퍼를 빨리 올릴 수 있는 점프 수트(상의와 바지가 하나로 붙어있는 형태의 옷) 스타일을 즐겨 입었다. 위아래가 붙어 있고 양 가슴에 주머니가 달린 이 옷은 방공복(siren suit)이라고 불렸는데, 처칠이 직접 디자인한 것으로 알려졌다. 전시 상황에서 지도자의 결전 의지를 드러내는 도구로 옷이 유용하게 쓰인 예다. 처칠은 방공복을 전시에만 입은 것이 아니라 평소 일상복으로도 즐겨 입었다. 벨벳 등 고급스러운 천을 사용하기도 하고, 줄무늬를 넣어 만들기도 했다. 방공복은 처칠이 입으면서 크게 유행했고, 영국인들은 이 옷을 '처칠의 롬퍼스(Rompers, 위아래가 붙은 형태의 아기 옷)'라고 불렀다.

러시아-우크라이나 전쟁의 인상적인 대목으로 젤렌스키 우크라이나 대통령의 국방색 티셔츠를 빼놓을 수 없다. 이 티셔츠의 상징성은 대단하다. 젤렌스키가 국방색 티셔츠를 고집하는 이유는 무엇인지, 상대국인 러시아 푸틴 대통령의 패딩은 왜 갑자기 논란이 된 것인지, 또 전쟁 당사국이 아닌 나라들은 전쟁 종식을 위해 패션을 어떻게 활용하는지 살펴본다.

볼로디미르 젤렌스키 국방색 티셔츠

국방색 티셔츠는 2022년 2월 러시아-우크라이나 전쟁 발발 이후 볼로디미르 젤렌스키 우크라이나 대통령의 상징적인 의상이 됐다.

젤렌스키는 계절에 따라 소매 길이만 다를 뿐 항상 국방색 티셔츠를 입고 다닌다. 미국을 방문해 백악관에서 조 바이든 대통령과 만났을 때도, 의회에서 상·하원을 대상으로 연설할 때도 양복이 아닌 국방색 티셔츠와 카고바지 차림이었다. 이밖에 여러 국제회의에서 화상 연설을 할 때도 이러한 '전투복' 차림으로 등장했다.

급기야 유명 투자자인 피터 쉬프 유로퍼시픽캐피털 CEO는 트위터에 이런 말을 남겼다. "힘든 상황인 건 알겠는데 우크라이나 대통령에게 정장은 없나?" 티셔츠 차림의 그가 마뜩잖다는 건데, 물론 티셔츠만 불만은 아니었을 것이다. 일부 인사들은 젤렌스키가 미국에 와서 일종의 '무기 구걸'을 하는 것을 못마땅하게 보기도 했다. '왜 우리가 도와줘야 하나?', '도와줘 봤자 고마운 것도 모른다'라고 생각하는 미국 인사들도 더러 있었다.

그러한 인식과 별개로 어쨌든 젤렌스키는 국방색 티셔츠 하나로 전 세계인들에게 '우크라이나는 전쟁 중'이라는 점을 확실히 각인시켰다. 〈뉴욕타임스〉도 "젤렌스키는 전쟁 중인 국가의 지도자로서 그의 말을 이해하기 위해서는 자신을 바라보기만 해도 된다는 것을 명확히 하고 있다"라고 평가했다. 즉 옷 한 벌이 주는 메시지가 그만큼 크다는 것

2022년 12월 미국을 방문한 젤렌스키 대통령과 바이든 대통령(퍼블릭 도메인)

이다. 그의 부인 올레나 젤렌스카 여사도 언론과 인터뷰에서 남편에 대해 "국방색 티셔츠에서 정장으로 갈아입을 날이 오기만을 기다린 다"라고 말했다.

젤렌스키 부부는 전쟁이 한창 진행되는 중에 패션지 〈보그〉와 화보를 촬영해 논란이 되기도 했다. 러시아가 우크라이나를 침공한 지 5개월쯤 지난 시점에, 국민들이 전쟁으로 고통받는 와중에 패션 화보를 찍은 것이다. 화보의 제목은 "용맹의 초상: 우크라이나 영부인 올레나 젤렌스카"였다. 화보에는 부부가 얼굴을 대고 카메라를 응시하는 모습이 담겼는데 젤렌스키는 역시나 국방색 티셔츠 차림이고, 올레나 여사는 검은색 목폴라를 입고 있다. 또 다른 사진에서도 올레나 여사의 옷만 바뀌었을 뿐 젤렌스키는 같은 차림이다.

젤렌스키의 티셔츠는 우크라이나 의류업체 '유-셔츠'가 제작한 것으로 러시아 침공 후 우크라이나의 목소리를 내기 위해 내놓은 브랜드다. 가슴에 우크라이나 국장(國章)의 일부인 삼지창이 새겨져 있으며, 홈페이지에서 100달러(13만 원)에 판매되고 있다. 젤렌스키는 이 티셔츠 하나로 '군인들과 함께 끝까지 싸우겠다'는 메시지를 주며 국민들을 결집시키고 있다. 또한 외국 정상들을 만났을 때 우크라이나 지원의 필요성을 각인시키는 등 일석이조의 효과를 거두고 있다.

다만 미국에서 트럼프가 재집권한 뒤에는 젤렌스키의 이런 패션이 문제가 되기도 했다. 트럼프가 다시 백악관 주인이 된 후 2025년 2월 백악관에서 만난 두 사람은 서로 고성을 주고받았고, 회담은 파국으로 끝났다. 젤렌스키의 복장도 언급이 됐는데, 젤렌스키는 이날도 정장 대신 삼지창이 그려진 검은색 티셔츠와 카고바지 차림이었다. 트럼프는 이런 젤렌스키의 옷차림을 비꼬았다. 트럼프는 '원조받으러 온 주제에' 무례하다고 본 것이고, 젤렌스키는 전쟁이 끝나기 전까지는 패션을 바꾸지 않겠다는 것을 분명히 해온 터였다.

2차 세계대전 때 처칠 영국 총리도 미국 루스벨트 대통령을 만나러 백악관에 갈 때 방공복을 입고 갔다. 미국의 참전을 설득하고자 일부러 전시 복장을 하고 간 것이다. 젤렌스키는 이런 측면에서 처칠과 비교되기도 한다. '전쟁패션'은 때로는 누군가에게 압박 수단이 되기도 하고, 당사자로서는 어떻게든 국가의 비극을 수습해보겠다는 의지의 표현이 되기도 한다.

블라디미르 푸틴 로로피아나

우크라이나와 전쟁 중인 러시아의 블라디미르 푸틴 대통령의 옷도 화제가 됐다. 전쟁통에도 그의 '명품 사랑'은 못 말리는 수준이었다.

전쟁이 한창이던 2022년 12월 크림대교를 찾은 그는 남색 패딩 점퍼를 입고 있었다. 겉보기에는 평범해 보이는 옷이었으나 이탈리아 명품 브랜드 '로로피아나' 제품이었다. 게다가 가격이 1,600만 원이나 한다는 사실이 알려지면서 비난의 목소리가 커졌다. 패딩 안에 입은 터틀넥 역시 고가 브랜드 '키튼'의 380만 원대 제품으로 전해졌다.

일부 외신들은 푸틴이 일부러 고가의 명품으로 남성적 옷차림을 하고 나온 것이라고 평가했다. 최고 권력자의 이미지를 구축하기 위함이라는 것이다. 만약 그렇다면 젤렌스키와 대비되는 패션 콘셉트다.

패션 역사 저널리스트인 말렌 코마르(Marlen Komar)는 〈NPR(미국 공영 라디오)〉과 인터뷰에서 푸틴의 고가 외투에 대해 "러시아가 붕괴 직전에 있는 가난하고 고통받는 나라라고 묘사하는 보도와 맞서기 위해 운영되는 푸틴의 선전기구의 전략적 부분"이라고 했다. 즉 우크라이나 침공으로 국제사회의 경제제재를 받으며 경제 상황이 어려워졌음에도 불구하고 러시아가 여전히 건재하다는 것을 지도자의 패션을 통해 알리려는 것이라는 분석이다.

실제 푸틴이 그런 전략을 구사하기 위해 전쟁 중에 값비싼 옷을 입고 나온 것인지는 확인하기 어려우나, 평소 푸틴이 로로피아나 브랜드를 선호해온 것은 분명하다. 전쟁 이전부터 푸틴의 '로로피아나 사랑'은 꾸준히 드러났다. 2015년 푸틴이 메드베데프 당시 총리

'로로피아나' 패딩을 입은 푸틴 대통령(출처: 크렘린궁)

와 체육관에서 운동할 때 입었던 로로피아나 옷은 흔히 트레이닝복이라 불리는 스타일의 옷으로 가격이 400만 원에 육박한다. 2019년 벨라루스 대통령과 만날 때도 로로피아나의 운동화를 신었고, 2020년 크리스마스 예배에 참석할 때도 로로피아나의 400만 원이 넘는 카디건을 입었다. 로로피아나 제품은 가격대는 높으나 브랜드 로고가 잘 드러나지 않는 스타일이다.

이처럼 그가 평소 좋아하는 브랜드이기에 전쟁 중에 의도적으로 입었을 거라고 단정하긴 어렵다. 그럼에도 푸틴이 전쟁 중에 입어 구설에 오른 탓에 로로피아나 브랜드는 졸지에 '블레임 룩(blame look)'의 피해자가 되고 말았다. 블레임 룩이란 사회적으로 논란이 되는 인물의 패션이 주목받는 현상을 뜻한다.

로로피아나가 속한 프랑스 명품 그룹 LVMH 측은 이러한 논란에 당혹스러움을 감추지 못했다. 로로피아나 부회장은 2022년 영국 매체 〈데일리메일〉과 인터뷰에서 "인간적인 관점에서 당황스럽다. 우크라이나인들은 우리의 모든 도덕적·실천적 지지를 받을 것"이라고 말했다. 실제로 로로피아나는 전쟁 초기, 러시아의 우크라이나 침공에 항의하는 의미로 모스크바와 상트페테르부르크의 매장을 폐쇄했다. 푸틴이 입는 값비싼 옷들이 화제에 오르는 것을 막기 위해 보좌관들이 매번 옷의 라벨을 미리 제거한다는 웃지 못할 외신 보도가 나오기도 했다.

전쟁 국가를 향해 목소리를 내는 방법

2023년 5월 6일 열린 영국 왕실의 대관식은 70년 만에 치러진 '세기의 이벤트'였다. 전 세계의 눈과 귀가 쏠린 만큼 참석자들의 패션도 하나의 볼거리가 되어 그야말로 거대하고 화려한 패션쇼나 다름없었다. 영국 왕실에서 참석자들에게 따로 요구한 드레스코드는 없었다. 다만 침체된 경제 상황 등을 고려해 너무 화려하고 튀는 복장은 삼가달라고 요청했다. 그 때문인지 화려하고 개성 넘치는 차림보다는 점잖고 품위 있는 차림이 주를 이루었다.

각국의 지도자들은 이렇게 전 세계적으로 주목받는 이벤트가 벌어질 때 옷을 통해 메시지를 전달하기도 한다. 이날 미국을 대표한 질 바이든 여사의 패션이 그러했다. 질 여사는 파란색의 정장과 장갑으로 단정하고 수수한 느낌을 살렸다. 또 영국에서는 여성들이 격식 있는 행사에서 모자를 쓰는 관행이 있어, 질 여사도 옷 색깔과 맞춰 파란색 리본 장식을 머리에 착용했다. 이날 질 여사가 입은 투피스는 미국 브랜드 랄프로렌 제품으로 알려졌다.

질 여사의 패션이 깔끔하지만 다소 단조롭다는 느낌을 줄 수 있는데, 손녀 피니건 바이든이 옆에 서자 전혀 단조로운 패션이 아님을 알 수 있었다. 피니건은 망토 형식의 노란색 드레스를 입고 노란 꽃장식을 머리에 착용했다. 그녀의 옷 역시 '마카리안'이라는 미국 브랜드 제품이었다.

2023년 5월 6일 영국 대관식에 참석한 질 바이든 여사와 손녀(출처: 유튜브)

우크라이나 국기

  질 여사와 피니건이 나란히 서자 하나의 새로운 패션이 완성됐는데 바로 우크라이나 국기의 모습이었다. 파란색과 노란색이 합쳐진 우크라이나 국기를 두 사람의 패션으로 완벽히 표현해 낸 것이다. 두 사람은 우크라이나와 관련된 발언은 하지 않았지만 입고 있는 옷만으로 미국이 우크라이나를 지지한다는 것을 전 세계에 알렸다. 우크라이나의 영부인 올레나 젤렌스카 여사는 이후 공개적으로 "질 바이든 여사가 대관식에 손녀와 함께 참석해 우크라이나 국기의 색깔인 파랑과 노랑으로 의상을 맞춰 입고 나와 너무도 감사했다"
라고 말했다.

젤렌스카 여사는 이날 연한 카키색 계열의 차분한 원피스와 코트
차림으로 등장했다. 자국이 전쟁 중인 상황을 고려하여 화려하진 않
지만 품위 있는 패션을 선보였다. 색상 자체가 카키색 계열이라 전
쟁 중임을 상기시키는 효과를 의도한 듯하다.

FASHION

7장
'하늘의 별'이 된
패션 리더들

FASHION

올브라이트 전 미국 국무부 장관의 '브로치 외교'는 대중들에게 잘 알려져 있다. 브로치는 잘 보이도록 가슴에 달 수 있는 장신구다. 전하고 싶은 메시지가 있으면 브로치를 잘 선택해서 착용하면 그보다 더 세련된 소통 수단은 없을 것이다. 올브라이트 장관은 브로치 외교의 달인이었다.

고인이 된 정치인 중에는 단순히 옷을 잘 입은 게 아니라 패션을 이용해 똑똑한 방식으로 메시지를 표현하고 전달한 이들이 있다. 오히려 지금 정치인들의 직접적이고 노골적인 방식보다 은근하고 간접적이면서 더 효과적인 그들의 방식에서 힌트를 찾아볼 수 있지 않을까. 한번쯤 고개를 끄덕이게 만드는 지혜로운 패션정치를 과거 정치인들로부터 배워볼 수 있다.

마거릿 대처 | 핸드백

'철의 여인' 마거릿 대처(1925~2013). 영국 최초의 여성 총리라는 타이틀 때문인지 그녀의 패션은 항상 화제가 됐다. 그녀의 정치적 카리스마를 패션 아이템과 연관 지은 신조어까지 만들어졌다. 바로 그녀의 핸드백이다. 딱딱한 검은 가죽 핸드백으로, 영국의 명품 브랜드 '아스프레이'의 제품이다. 대처는 이 핸드백을 항상 갖고 다녔고, 중요 사안을 결정하기 전에 이 핸드백에서 자료를 꺼내곤 했다. 대처가 핸드백을 탁자에 올려놓으면 장관들이 긴장하는 것은 당연지사였다.

1984년 대처가 유럽연합 정상회의에 참석했을 때의 일이다. 대처가 책상을 손으로 쾅 내려치며, 영국에 리베이트를 줘야 한다고 주장했다. 이후 실제 영국은 유럽연합으로부터 1년에 약 20억 파운드를 받게 됐다. 〈BBC〉 등 영국 언론들은 "대처 총리가 프랑스와 독일 리더를 '핸드백했다(handbagged)'"라고 보도했고, 이후 '핸드배깅(handbagging)'이라는 신조어가 탄생했다. 자신의 주장을 강하게 내세우는 것을 의미하는 말이다. 그녀의 비서 신시아 크로포드는 언론 인터뷰에서 "우리는 항상 6개의 가방을 가지고 다닌다. 이 가방들은 세게 치기에 좋다"라고 말하기도 했다. 그만큼 그녀는 핸드백을 하나의 정치적 무기로 사용했다. 핸드백은 2011년 경매에서 팔렸는데, 당시 낙찰가는 무려 25,000파운드(한화 4,100만 원)였다. 대처가

이 돈을 영국 퇴역 군인들의 트라우마 치료 단체에 기부하자 영국 언론들은 "핸드백 이미지에 딱 맞는 기부"라고 평가했다.

대처의 패션에 카리스마만 있었던 것은 아니다. 진주 장신구와 리본 블라우스 등 여성성을 강조한 스타일도 즐겨 착용했다. 특히 진주로 된 목걸이, 귀걸이, 브로치 등 진주 장신구를 좋아해서 '진주 여왕'이라는 별명도 생겼다. 결혼 후 쌍둥이를 낳고 남편으로부터 선물 받은 진주목걸이를 주변에 자랑하고 다녔다는데 그게 진주 여왕으로 불린 시작인 듯하다. 이밖에 다양한 브로치를 달거나 정장에 리본 블라우스를 받쳐 입어 여성미를 살리고 옷차림에 포인트를 주곤 했다. 정장도 바지 정장보다 치마 정장을 즐겨 입었다. 국제회의에서 리본 달린 원피스를 입는 식으로 남성들 사이에서 의도적으로 여성성을 강조했다. '찔러도 피 한 방울 안 나올 것 같은' 강인한 이미지에 부드러움을 더해주는 패션 아이템을 활용해 '강인한 부드러움'을 패션으로 표현한 것이다.

대처의 패션에서 파란색을 빼놓을 수 없다. 파란색은 그녀가 소속된 영국 보수당의 상징색이다. 또한 신뢰감과 신중함 등을 나타내기에 정치인들이 자주 찾는 색이기도 하다. 대처는 보수당의 색인 파란색을 자신의 상징색으로 만드는 데도 성공했다.

대처의 탁월한 패션정치의 배경에는 그녀를 도운 조력자들이 있었다. 비서 신시아 크로포드는 1978년부터 그녀의 총리 퇴임 때까지 12년을 함께하며 옷과 핸드백 등을 관리했다. 의상 자문은 대처가 좋아한 영국 브랜드 '아쿠아스큐텀'의 임원 마거릿 킹이 담당했다.

　대처의 패션은 단순히 패션에 머물지 않고 '강인한 부드러움'을 표
현하며 당시 사회적 변화와 맞물려 여성의 사회적 지위 변화에 대한
메시지를 던지는 데 성공했다고 볼 수 있다.

마거릿 대처 총리(출처: 위키미디어)

엘리자베스 여왕 구두

> 엘리자베스 2세 여왕이 남긴 많은 유산 가운데 하나는 '어떻게 옷이 국가를
> 결집할 수 있는가'를 잘 보여줬다는 점이다. 70년간 통치한 여왕은 패션과
> 이미지 메이킹이 얼마나 중요한지를 누구보다 잘 알고 있었다.
>
> – 2022년 9월 〈CNN〉

25세에 여왕이 된 엘리자베스 2세(1926~2022)는 70년간 재위하면서 영국의 상징으로 사랑받았다. 그녀가 높이 평가받는 것 중 하나가 바로 패션정치다. 영국 왕실은 정치에 개입하지 않는 게 원칙이다 보니 여왕은 무언가를 말하고 싶을 때 옷으로 표현하곤 했다.

엘리자베스는 어린 시절부터 패션에 유달리 관심이 많아서 영화 〈바람과 함께 사라지다〉의 주인공 스칼렛 오하라의 패션을 따라 했다. 하지만 아버지 조지 6세는 왕실의 권위와 신뢰감을 위해 매사에 엄격한 규율을 강조했다. 의상에서도 치마가 무릎 위로 올라가선 안 되고, 돌풍이 불어도 치마가 들리지 않도록 밑단 처리가 되어 있어야 하는 식이었다. 일설에는 선풍기를 돌려 치마가 바람에 휘날리는지 테스트했다는 소문도 있다.

엘리자베스는 늘 치마 정장을 입었고, 색깔 맞춘 모자도 빠뜨리지 않았다. 그러다 보니 형형색색의 정장과 모자, 면장갑이 그녀를 상징하는 스타일이 됐다. 키가 큰 편이 아니라 인파 속에서도 눈에 잘 띨

수 있도록 '튀는' 원색도 마다하지 않았으며, 신발도 왕실 규정에 따라 굽이 6cm를 넘지 않는 것을 신었다.

엘리자베스 여왕
(출처: 브리태니커 백과사전)

여왕은 이러한 기본 스타일을 바탕으로 패션을 활용해 정치적·외교적 메시지를 내곤 했다. 몇 가지 사례를 소개한다.

2017년 여왕이 의회 개원 당시 입은 정장과 모자는 파란색과 노란색의 배합이 눈길을 끄는데, 이는 유럽연합 깃발의 파란 바탕과 노란 별들을 연상시키는 조합으로, 여왕이 영국의 유럽연합 탈퇴(브렉시트, Brexit)에 반대하는 것이란 추측을 불러일으켰다.

여왕은 영국 총리들을 만날 때도 옷차림을 통해 상대에 대한 호불호를 드러냈다. 2022년 리즈 트러스 신임 총리를 만나는 자리에서는 이례적으로 체크무늬 치마와 카디건 차림으로 등장했다. 평소 공개 석상에서 볼 수 있던 격식 갖춘 정장 차림이 아니고 편안한 '할머니'의 모습이었다. 이는 손녀뻘인 여성 총리를 편안한 분위기에서 맞아주기 위한 배려라는 해석이 나왔다.

흥미로운 것은 그보다 3년 전, 보리스 존슨 총리를 만날 때는 다소 다른 모습이었다는 사실이다. 당시 여왕은 화려한 파란색 꽃무늬 원피스에 브로치, 귀걸이, 목걸이를 착용하고 핸드백까지 든 차림이었다. '영국인 트럼프'라고 불리는 '괴짜' 존슨 총리를 맞이하는 자리에서 영국 왕실의 위엄을 패션으로 보여주려는 모습으로 풀이되었다.

2018년 트럼프 미국 대통령이 영국을 방문했을 때의 일화도 인상적이다. 3일 내내 여왕이 브로치를 이용해 트럼프에 대한 반감을 표시한 것으로 읽혔기 때문이다.

트럼프가 영국에 도착한 첫날, 여왕은 캔터베리 대주교와 면담에서 초록색 꽃 모양의 브로치를 달고 있었다. 이 브로치는 2011년 오바마 부부가 여왕에 대한 존경의 의미로 사비로 구입해 선물한 것이다. 다음날 여왕이 트럼프 부부와 만나는 자리에서 착용한 브로치는 보는 이들을 깜짝 놀라게 했다. 1952년 아버지 조지 6세의 장례식 때 여왕의 어머니가 상복에 착용했던 것이기 때문이다. 조지 6세는 2차 세계대전 당시 미국과 유럽의 결속을 주장했다. 트럼프 방문 마지막 날에 여왕은 벨기에 국왕 부부를 접견하는 자리에 캐나다 국민들로부터 선물 받은 사파이어 브로치를 착용하고 나왔다. 당시 트럼프로부터 무역 문제로 공격당하고 있던 캐나다를 지지하는 표현으로 해석되었다.

그녀는 해외 순방을 갈 때도 의상과 장신구 등을 주도면밀하게 준비했다. 방문국의 풍습과 문화는 물론이고 일기 예보까지 조사하여 반영할 만큼 전략적으로 임했다는 평가다.

매들린 올브라이트 브로치

미사일, 태양, 뱀, 얼룩말…. 미국 최초의 여성 국무부 장관 매들린 올브라이트(1937~2022)는 다양한 '브로치 외교'로 유명하다.

1994년 이라크의 후세인 대통령이 당시 유엔 미국 대사이던 그녀를 '독사' 같다고 비난하자 그녀는 똬리 튼 뱀 모양 브로치를 달고 유엔 회의장에 나타났다. 또 1999년 미국과 러시아의 핵무기 협상이 지지부진할 때 이고르 이바노프 러시아 외교부 장관을 만나면서는 미사일 모양의 브로치를 달고 나갔다. 그때 이런 대화가 오갔다고 한다.

이바노프 : 지금 착용한 브로치가 미국의 요격 미사일 중 하나인가요?
올브라이트 : 맞아요. 요격 미사일이죠. 그리고 우리는 (미사일을) 이렇게
작게 만들 수 있으니 협상에 임하는 게 좋을 거예요.

1996년 2월 쿠바 전투기가 비무장 민간 항공기를 격추하자 그녀는 사망자들을 애도하는 의미로 파랑새 브로치를 거꾸로 달아 고개 숙인 파랑새 모양으로 착용하고 유엔에서 연설하기도 했다. 2000년 북한을 방문해 김정일 국방위원장을 만난 자리에서는 큼지막한 성조기 브로치를 달고 등장했다. 같은 해 김대중 대통령과 회견할 때는 햇살 모양 브로치를 착용해 김 대통령의 햇볕정책에 지지를 표했다. 또 중

동 지역 분쟁이 한창일 때는 거미 모양의 브로치를 착용하고 회담장에 나타나 외신의 주목을 받았다. 거미줄처럼 얽혀있는 중동의 정치적 상황을 비유한 것이다. 러시아가 자신의 회의실에 도청 장치를 설치한 사실을 알았을 때는 자신이 알고 있다는 것을 브로치를 통해 보여주기도 했다. 바로 곤충 모양의 브로치(영어로 '곤충'을 뜻하는 'bug'는 '도청 장치'를 의미하기도 한다)를 달고 나온 것이다.

매들린 올브라이트 장관
(출처: 스미소니언박물관
웹사이트)

매들린 올브라이트 장관의 브로치들(출처:https://readmypins.state.gov/see-the-pins)

  그녀는 이러한 '브로치 외교'에 담긴 이야기를 엮어 책으로 펴내는 한편, 200점에 달하는 브로치들의 전시회를 기획해 박물관에서 순회 전시하기도 했다. 그녀의 브로치들에는 고급품도 있지만 벼룩시장에서 구매한 저렴한 것들도 있다.

  이처럼 올브라이트는 패션 소품을 정치적·외교적으로 적절하게 활용한 인물이다. 그의 책에는 "외교관계에서 조금 따끔하고 힘든 메시지를 전해야 할 때는 말벌 브로치를, 의견 조율이 더디게 진행될 때는 게와 거북 모양의 브로치를 선택했다"라는 대목이 있다. 백마디 말보다 브로치 하나로 메시지를 효과적으로 전한 예다.

맺음말

첫인상은 중요하다. 그리고 첫인상을 판단하는 근거가 되는 것은 그 사람이 풍기는 분위기와 이미지다. 어떤 옷을 입었고, 어떤 태도를 갖추고 있으며, 어떤 표정을 하고, 어떤 말투를 쓰는지가 곧 첫인상을 좌우한다.

기자라는 직업에 10년 넘게 종사하면서 다양한 사람들을 만나봤다. 그중에서도 정치인과 외교관들이 풍기는 이미지와 패션, 스타일은 단순히 외적으로 멋지고 예뻐 보이는 것이 전부가 아니란 것을 알게 됐다. 그들이 착용하고 있는 작은 장신구 하나도 때로는 의도되고 연출된 것일 때가 있다는 것이다. 돈이 아무리 많아도 특정 위치에 있는 사람은 명품으로 휘감는 패션을 택하지 않는다. 요즘은 평범한 사람들도 명품 로고가 크게 들어간 옷이나 가방을 선호하지 않는다. 어느 때부터인가 그게 오히려 촌스러운 스타일이 돼버렸다.

정치인 등 고위직에 있는 사람들이 그런 스타일을 하지 않는 이유는 따로 있다. 사회적으로 영향을 줄 수 있는 위치에 있는 만큼 패션으로도 메시지를 전해야 하기 때문이다. 잘 풀리지 않던 외교 사안도 잘 고른 넥타이, 제대로 의미가 부여된 브로치 하나로 해결할 수 있다.

기자로서 이 책을 써야 하나 말아야 하나 고민도 있었다. 패션에 대한 보도가 과연 저널리즘적 가치가 있느냐에 대한 논의는 끊이지 않는다. 디지털 문화가 확산되면서 '유명인이 무슨 옷을 입었는지'는 온라인 기사의 클릭을 유도할 수 있는 대표적 주제이긴 하지만, 굳이 전달할 가치가 있는 기사인가라는 고민 때문이다. 기자들은 '기레기' 소리를 듣더라도 그런 기사를 온라인 등에 써야 하는 경우가 종종 생긴다.

하지만 이 책을 기획하게 된 배경은 단순히 '클릭 유도'와 같은 이유 때문이 아니다. 패션에서도 충분히 저널리즘적 가치를 찾아볼 수 있을 거라는 판단에서다. 패션은 유명인의 이미지를 형성하는 중요한 수단의 하나이고, 그들이 패션을 통해 전하고자 하는 메시지가 무엇인지 파악해보는 것은 의미 있는 일이다. 또 옷차림에 걸맞은 태도를 보여주는지도 그 사람을 판단하는 잣대가 된다. 정치인은 패션을 통해 정치적 상황을 어떻게 돌파하는지, 외교관은 패션을 어떤 방식으로 외교에 접목하는지 등 다양한 관점에서 분석해 볼 수 있다.

이 책을 쓰는 동안 한국은 대통령 탄핵의 기로에 있었다. 다시 반복되지 않기를 바랐지만 결국은 또 대통령이 국민을 저버리면서 가슴 아픈 역사가 되풀이됐다. 책을 쓰면서 전 대통령과 현 대통령이 탄핵되는 과정 중에 보여준 패션을 되뇌려니 가슴 한편이 쓰라렸다. 이 또한 역사의 한 장면이려니 하고 넘기기엔 국민들 마음에 남은 상처와 공포, 천문학적인 사회적 비용 등 움푹 파인 상처가 너무 깊다. 매서운 겨울바람이 얼굴을 날카롭게 때려도 시민들은 광장과 거리로 뛰쳐나왔다. 고사리 같은 손에 야광봉을 꼭 쥔 아이들도 있었다. 2024년~2025년 겨울, 많은 시민들에겐 '롱패딩'과 '야광봉'이 하나의 '필수템'이었다. 예기치 않게 이렇게 한국인만의 패션 아이템이 또 생겨났다. 나중에는 지금을 되돌아보며 "그때 입었던 패딩하고 야광봉 말이야"라며 역사 속 한 페이지를 기억하게 될 것이다.

마지막으로, 이 책이 나오기까지 정신적으로 지지해주고 도와준 사랑하는 우리 가족들, 작가를 믿고 도와주신 출판사 관계자분들께도 감사 인사를 드린다. 우리 딸이 나중에 커서 이 책을 읽을 때는 한층 더 아름다운 세상이 되어 있기를 바라는 마음이다.